高校校园文化建设形式与方法研究

胡龙宇 著

北京工业大学出版社

图书在版编目（CIP）数据

高校校园文化建设形式与方法研究 / 胡龙宇著．——
北京 ：北京工业大学出版社，2021.11（2022.10重印）
　ISBN 978-7-5639-8186-1

　Ⅰ．①高… Ⅱ．①胡… Ⅲ．①高等学校－校园文化－
建设－研究－中国 Ⅳ．① G647

中国版本图书馆 CIP 数据核字（2021）第 228495 号

高校校园文化建设形式与方法研究
GAOXIAO XIAOYUAN WENHUA JIANSHE XINGSHI YU FANGFA YANJIU

著　　者：胡龙宇	
责任编辑：李　艳	
封面设计：知更壹点	
出版发行：北京工业大学出版社	
	（北京市朝阳区平乐园 100 号　邮编：100124）
	010-67391722（传真）　bgdcbs@sina.com
经销单位：全国各地新华书店	
承印单位：三河市元兴印务有限公司	
开　　本：710 毫米 ×1000 毫米　1/16	
印　　张：10.25	
字　　数：205 千字	
版　　次：2021 年 11 月第 1 版	
印　　次：2022 年 10 月第 2 次印刷	
标准书号：ISBN 978-7-5639-8186-1	
定　　价：60.00 元	

作者简介

胡龙宇，男，1988年6月出生，南京师范大学硕士研究生，现任南京工业大学团委办公室主任，讲师。主要研究方向为大学生思想政治教育。近年来主要讲授"形势与政策""军事理论"等课程，曾获江苏省普通高校军事课教师微课教学竞赛三等奖。近年来主持中国建设教育协会教育教学科研课题（思政专项）1项，主持校级重点课题多项，参与省部级课题多项，以第一作者身份在国内期刊上发表论文多篇。

前　言

  校园文化建设是高校发展进程中不可或缺的一部分，良好的校园文化有助于营造浓厚的学习氛围。校园文化建设不仅是高校实现立德树人任务的重要保障，而且也是中国特色社会主义文化建设的重要内容。高校承担着培养德智体美劳全面发展的中国特色社会主义建设者和接班人的任务，加强高校校园文化建设，打造具有自身特色的校园文化，加强校园文化对师生尤其是大学生的熏陶，是高校推进校园文化建设和"三全育人"工作的重点。

  全书共六章。第一章为绪论，主要阐述了文化与校园文化、校园文化的历史追溯、高校校园文化本质的界说等内容；第二章为高校校园文化建设，主要阐述了高校校园文化建设的现状、高校校园文化建设的基本要求、高校校园文化建设的作用与意义等内容；第三章为高校校园文化的基本形态，主要阐述了校园物质文化、校园制度文化、校园精神文化等内容；第四章为高校校园文化建设的形式，主要阐述了思想政治类校园文化建设、科研学术类校园文化建设、技能培养类校园文化建设、文体娱乐类校园文化建设等内容；第五章为新时期高校校园文化建设的方法，主要阐述了高校校园文化建设的实践思路、高校校园文化建设的机制路线、新时期高校校园文化建设的方法等内容；第六章为高校校园文化建设与大学生能力培养，主要阐述了大学生政治素养的培养、大学生实践能力的培养、大学生创新创业能力的培养、大学生艺术修养的培育等内容。

  为了确保研究内容的丰富性和多样性，作者在写作过程中参考了大量理论与研究文献，在此向涉及的专家学者表示衷心的感谢。

  最后，限于作者水平，本书难免存在一些不足，在此，恳请同行专家和读者朋友批评指正！

目 录

第一章 绪 论

校园文化是以学校为载体，通过历届师生的传承发扬、创造创新，所积累形成的物质成果和精神成果的总和，在不断更新中潜移默化地影响着大学生的世界观、人生观、价值观。校园文化包括物质文化、精神文化、制度文化，三者相辅相成，全面协调发展，发挥着德育、美育和凝聚功用。本章分为文化与校园文化、校园文化的历史追溯、高校校园文化本质的界说三部分。主要内容包括：文化、校园文化、中国古代校园文化萌芽期、近代高校校园文化建设的特点、高校校园文化的定位、高校校园文化的本质等方面。

第一节 文化与校园文化

一、文化

（一）文化概念的源流与演变

从文化人类学角度说，"文化"的概念整整困惑了我们一个半世纪。有人考证，"文化"一词在 1871 年才在英语中奠定地位，其时正是人类学发端的时期。而在此之前，"文化"在人们的日常生活中出现，并不是什么科学或学术"问题"。人们对"文化"自有其朴素的理解，并且东西方表现出明显的差异。

1. 西方的观念

英语中"文化"（Culture）一词，源于拉丁文的"Cultus"和"Cultura"等词。其本意是指通过人工劳作所获得的一切东西，主要指人类物质活动所产生的结果，是相对于自然存在的事物而言的。这种用法至今仍在农业"Agriculture"和园艺

"Horticulture"两词中保留着。到了古希腊罗马时代，古罗马政治哲学家西塞罗提出"哲学心灵中的'Culture'"，认为"Culture"具有改造人的内心世界，使人具有理想公民素质的意思，从而把"Culture"一词的含义由物质领域引申到人类精神活动中，扩展了"Culture"一词的含义。当时，"文化"还被理解为公民参加社会政治活动时所具有的知识和能力。这样，西方的"文化"在最初的演变中就具有了物质和精神活动产物的双重属性，被归结为人类所创造的产品。随着18世纪人类学的兴起，"文化"一词逐渐被重视和广泛使用。

最早给"文化"下定义的是英国人类学家泰勒（1832—1917）。泰勒于1871年在其所著的《原始文化》中将"文化"表述为："文化是包括全部的知识、信仰、艺术、道德、法律、风俗以及作为社会成员的人所掌握和接受的任何其他的才能和习惯的复合体。"泰勒的文化定义，被认为第一次给了文化一个整体性的概念，并给后来的文化研究者划定了基本的范畴，因而具有划时代的意义。

自此之后，文化人类学的研究在西方迅速发展，掀起了文化研究的热潮，并深刻地影响着历史、文学、艺术等领域的研究。许多社会学家、人类学家、历史学家、心理学家甚至管理学家，纷纷对文化发表了自己的见解。

2. 东方的观念

中国是"四大文明古国"之一，中华文明是世界诸多古老文明中唯一延续至今的文明。我们的文化源远流长，有关文化的观念同样源远流长。

从汉语字源学的角度看，"文"字，由线条交叉而成，文者，纹也。"文"，一方面表明世间万事万物相互联系，密不可分；另一方面人们试图用这种富有变化和装饰的花纹来证明万物的复杂性和易变性。

最早把"文"和"化"两个字联系起来的是《易经》："观乎天文，以察时变；观乎人文，以化成天下。"在这里，"天文"指自然的秩序，"人文"指人事的条理，二者各有所司所指——可谓客观的自然与主观的人生，相互包容，相互印证。《礼记·礼运》："人者，天地之心也。"于是，有人在此基础上将"文化"解释为，圣人在考察人类社会的文明时，以"天地之心"，即儒家的诗书礼乐来教化天下，构造修身、齐家、治国、平天下的理论与制度框架，使社会变得文明和有序。

因此，我国古代"文化"概念的内涵与西方古代"文化"概念的内涵，初始意义大相径庭：中国侧重"人文"——"人化化人成文化"，西方致力于"天文"——"文化化人由天文"。而二者的外延大有相似之处，都具有丰富完善人的内心世界，提高人的德性和教育程度的含义。

（二）文化概念的视角与辩证

由于对文化可以从不同学科、不同层次以及不同视角去考察，因而在文化研究中对"文化"概念的解释也就不断增多。早在1926年，美国学者克罗伯和克拉克洪曾就如何定义"文化"的问题进行研究，为了找到答案，他们遍寻书章，竟发现人们已提出了160种定义，他们仅收集和分析这些定义就写出了一本书。根据克罗伯和克拉克洪的概括，这些定义大体上可以分为三种类型：其一，文化是人类创造物，和纯自然界相区别；其二，文化是人类的思想观念体系，包括语言、传统、习惯、制度以及思想信仰、价值等；其三，文化是人类不同的心理类型，如美国当代文化人类学家本尼迪克特说的"文化是人格在典章上的扩大"。

这些定义有的是描述性的，认为文化是包括知识、信仰、艺术、法律、道德及习俗等在内的复杂整体；有的是历史性的，认为文化是人类代代相传、积累而成的总和；有的则是准则性的，认为文化是一种生活和行为方式的模型、风格或准则；有的是心理性的，认为文化是人类在对环境的适应中习得的解决问题的方法；有的是结构性的，认为文化是由彼此关联、彼此互相依赖的习惯性反应方式所组成的系统；还有从发生学角度定义的，认为文化是人类交往的结果或人类社会生活的结果……这些定义，其实都是较为具体的学科层次的定义。可谓仁者见仁，智者见智。

由上观之，"文化"概念就像斯芬克斯之谜一样，令中外学者争论不休，直至现在仍难达成共识。但从"文化研究"的相关研究中，我们却看出了某些值得注意的现象。

1. 倾向不同、见仁见智与"惊人的一致"并存

由于研究者所处的地位不同，研究的方向和视角的不同，对于"文化"的概念，不同国度、不同学派之间不可避免地存在着这样那样的不同，有学者估计迄今至少有200种以上的关于文化的"定义"。正所谓"倾向不同，见仁见智"。因此，在某种意义上说，试图寻求一个公认的定义是困难的。

尽管"文化"的定义各不相同，但在争执不下的表面背后，同时也存在着某种基本的一致性、共同性。比如，不论哪种文化的定义，都承认文化与人的不可分离性，承认文化不是自然的产物；又如，不论哪种文化的定义，也都承认文化的本质与人的主体性和创造性分不开，承认文化是人类创造性的体现和产物；再如，不论哪种文化的定义，也都承认文化是一个整体，是"超有机的存在"……

诸如此类的关于文化的理解具有一致性和共同性，不同的定义者不容置疑地存在着"惊人的一致"。对文化所做的这种"对象性""关系性"规定，显然意味着同时承认文化具有某种"客观性"，意味着广泛意义的存在，意味着可以进行文化的哲学思考，意味着主体可能同时获得对文化的整体性认识。

2. 对立统一、泛模式化与"循环式上升"并存

透视西方文化研究中"文化"概念的演进历程和多义现象，我们可以发现，在"文化"概念的研究过程中一直存在着两种相互对立的传统，即英美的实证社会学传统和德国的思辨历史哲学传统。英美的实证社会学传统主要是从形态学、模式论和结构的观点看待文化的，它将文化理解为既定事实的各种形态的总和，它注重的是文化的已成状态，而不是变动中的文化创造状态，也就是倾向于把文化看作物质化的静态的东西。泰勒所下的文化定义及其创立的文化"遗迹说"便是典型代表。而德国的思辨历史哲学传统则认为，文化是以生命力为本位的"时间性"存在，因而我们应从文化的生命特性来把握或理解文化。

换言之，它注重的是文化的发展过程和动态性特征，忽视文化的外部和静态的表现形式，认为文化的形态化、制度化、模式化意味着文化的死亡，而倾向于把文化看作观念化的、无形的、流变着的价值。其实，文化的静态和动态，即已成状态和发展状态并不是彼此分离的，而是辩证的、历史统一的。文化的发展，在一定的历史时空总是表现为某种物质化或形态化的形式，即表现为一定历史时期的物质文化、观念文化等；而不同历史阶段的文化，在物质化、形态化方面的进步，则是文化的生命性的具体体现，是文化本质的外显。显然，我们要正确理解文化，需要同时兼顾文化的生命性方面和形态化方面，兼顾文化的静态方面和动态方面，也就是说，既要认识和把握文化的外部表现形式，也要理解和探究文化的内在本质。

3. 执着坚持、殊途异向与"焦点化对象"并存

文化是人类创造性活动的记录，是具有历时性和共时性的统一体。对于"文化"的概念，虽然见仁见智，见解不同，但实际的"文化研究"内容却大同小异，无外乎主要研究的是人们的价值观念、知识、信仰、道德、习俗等精神领域里的东西。那种对"文化"的广义理解，即认为文化包括物质文化的观点，其实并不见得主张文化的研究无所不包，并不认为文化研究要直接介入生产方式、生产过程的研究，而是觉得物质文化作为人类"认识和改造自然的能力"，人是在所创造的物品上进行创造和反映其创造力和技术的。否则，在事实上，就等于把"文

化"与人类社会生活等同起来，这样的"认识"和"研究"也不可能付诸实施。同样，那种对"文化"的狭义理解，即把"文化"理解为精神文化的观点，并不否认文化需要某种物质载体，不排斥物化的文化，也认为文化包括了从思想观念、制度规范到科学技术的广阔领域。

因此，对"文化"概念的理解，由于众多原因，不可避免地存在着这样那样的表述上的不同，有时甚至是势如水火，但是，各派的执着坚持并不影响研究对象的焦点化集中，其实质是一致的，异彩纷呈的背后是精神上的殊途同归。

（三）文化的本质

文化的本质与人的本质密切相关，简言之，文化的本质就是"人化"。

"人化"概念是马克思的早期著作，特别是《1844年经济学哲学手稿》中的一个重要概念。当时主要是从"人的本质力量的对象化""人化自然"等方面提出来的。在马克思看来，人是一种"对象性的存在物"，只有经过人的对象性活动，即人的生产劳动，自然物才能被纳入人的对象化关系之中来，成为人的对象。马克思认为："劳动的对象是人类生活的对象化。"人的"劳动的产品就是固定在某个对象中、物化为对象的劳动，这就是劳动的对象化。劳动的实现就是劳动的对象化"。人在生产劳动或现实的实践创造活动过程中给自然对象打上人的印记，使之成为"人化的自然界"或"第二自然"。在这里，"自然"并不仅仅是指除了人以外的客观自然界，同时也包括构成人的不可缺少的一个要素——人的有机身体。这样，对于"人化"概念，必须做双向的理解，也就是说，人的对象化活动内在地包含着两个不可分割的方面：一方面是人的本质力量的对象化，即人通过自己的创造物来展现或实现自身价值的过程；另一方面又表现为人把自己的生物躯体改造为真正的人的有机身体，把外在的自然物改造为人的"无机身体"。由此，"人化"概念就其本质而言不仅包括人化自然的过程，同时也包括自然"化人"或被"人化"的过程。在人改造自然和改造自身的现实活动中，这两个方面或过程是有机统一的。其统一的基础就是人的社会实践活动，这个活动作为人类文化的创造活动，其本质特点是"人化"。

二、校园文化

（一）校园文化的起源

校园文化作为一种文化现象，随着学校教育的产生而产生，随着学校教育的发展而发展。美国教育社会学家沃勒是西方第一位系统研究校园文化的学者，他于 1932 年在《教育社会学》中将校园文化定义为学校中形成的特别的文化。到了 20 世纪 50 年代，研究校园文化的人逐渐增多，美国学者戈登发现学习好不是提升威信的主要原因，男生的体育水平、女生的人缘才是获得威信的主要因素，每一所学校都有一种娱乐文化，它对学生的成长有很大作用。校园文化经过布鲁韦尔和麦克顿等人的发扬和深化，才得到足够的重视。这些美国学者采用结构 - 功能主义的观点，将学校视为一个社会体系，并分析这一体系的结构和功能。他们认为学校文化是由学校特有的价值观、规范、传统、行为模式等构成的，具有社会控制和社会化的功能，限定教育内容会强烈地影响教师和学生的行为。近年来，有学者从组织文化的角度对学校文化进行研究，开启了学校文化的量性研究通道。

在我国，校园文化概念最早于 1986 年 4 月在上海交通大学举行的第十二届学代会上被提出并得到公认。在这次会议中，几位学生会主席候选人不约而同地提出校园文化建设的课题。之后，学者们从不同角度、不同方面和不同层次对校园文化的含义做了种种界定，广泛开展了教育与文化、大学与文化的研究。改革开放以来，党中央非常重视校园文化建设，1997 年下发的《中共中央关于加强社会主义精神文明建设若干重要问题的决议》明确提出了要通过开展精神文明创建活动，建设社会文化、村镇文化、企业文化、校园文化。这一重要纲领性文件将校园文化列入精神文明建设的范畴，体现了校园文化建设的重要性。

（二）校园文化的内涵与特征

1. 校园文化的内涵

一个学校要获得长足发展，一定要有一种校园文化的定位。当前，对校园文化概念的阐述众说不一。学者田建安认为，校园文化是学校在自身的发展过程中有意无意形成的独特的文化形态，它是师生共同创造的在学校全部环境中所体现出来的一种师生共有的价值趋向和目标追求。学者王北生、胡景州从"群体文化"的角度对"校园文化"进行定义，认为校园文化是以学生为主体、以课外文化活动为主要内容、以校园为主要空间、以校园精神为主要特征的一种群体文化。学者杨建荣、谢金荣认为，狭义的校园文化是以学生为主体、教师为主导，在学校这个空间逐渐形成的文化形态。学者丁虎生在《高度重视大学校园文化的育人功能》一文中指出，"大学校园文化是教师、学生和管理者共同传承和创造的精神成果的总和，是大学区别于其他社会组织的重要象征，是一所大学赖以生存和发展的重要根基和不竭动力，是大学的精神和灵魂"。

综上所述，校园文化的内涵可概括如下：在校园内部长期的教育、学习和生活中，将各种力量统一于共同的方向，所形成的一种价值观念、精神支柱、学校传统、行为准则、道德规范和生活观念的总和，其内核是学校师生员工共同的价值观念。校园文化是学校教育的重要组成部分，是全面育人不可或缺的重要环节，是展现学校教育理念、学校特色的重要平台，是规范办学的重要体现，也是德育体系中亟待加强的重要方面。校园文化通过多种形式的校园文化活动、人文和自然的校园环境等给学生带来潜移默化而深刻的影响。这种文化是超越知识传授、能力培养与方法渗透的一种更高层次的自觉追求，是一种健康的、和谐的、积极的、人文的、向上的和可持续发展的学校氛围。这种文化体现了治学之严谨，人文之关怀，艺术之品位，审美之感动，创新之激情，儒雅之风范，诗性之世界，理想之追求，健康之精神……总之，这种文化具有高尚的价值取向，是学校的灵魂所在。

也可以这样认为，校园文化是时代精神在学校的反映，是社会主义学校办学方向和指导思想在长期发展过程中所形成的一种群体意识的体现。

2. 校园文化的特征

现代教育理论认为，学校是汇聚、传递、创新文化的高级文化体，教育与文化的相互作用影响着人的发展。建设有利于青少年学生身心健康发展的校园文化，是学校教育的一项基础建设。校园文化应具有如下特征。

（1）丰富性

校园文化应具备适合青少年学生的特点，形式多样、生动活泼，具有吸引力、向心力，能发挥思想教育、知识传授、愉悦身心、艺术审美、陶冶个性、行为训练等多种作用，促进学生素质的全面发展。

（2）渗透性

校园文化像和煦的春风一样，飘散在校园的各个角落，渗透在师生员工的观念、言行举止之中，渗透在他们的教学、科研、读书、做事的态度中。

（3）互动性

校园文化是学校教师与学生共同创造的。教师的作用、学校领导的作用是关键。领导者的办学理念、办学意识和行为对师生员工的影响是不可低估的，其对校园文化建设的作用是巨大的。学生是一个个鲜活的个体，在校园文化环境里不仅仅是受教育者、体验者，而且是文化环境的创造者和管理者。学校要因地制宜，创造条件，设置学生文化活动的空间，让学生在与老师和同学的互动中体会校园文化，为校园文化建设出谋划策。

（4）整体性

校园文化是学校所具有的特定精神环境和文化气氛，它包括校园建筑设计、校园景观、绿化美化等物化形态的内容，也包括学校的传统、校风、学风、人际关系、集体舆论、心理氛围以及学校的各种规章制度和学校成员在共同活动交往中形成的非明文规范的行为准则。校园文化是学校本身形成和发展的物质文化和精神文化的总和。由于学校是教育人、培养人的社区，因而校园文化一般取其精神文化之含义，即学校共同成员在学校发展过程中，逐步形成的包括学校最高目标、价值观、校风、传统习惯、行为规范和规章制度在内的精神文化的总和。

（5）传承性

校园文化应体现校园精神和风貌，既要反映社会主义社会的时代精神，又要继承民族的、本地区及本学校的优良文化传统，并有所发展和创新，从而使之具有独特持久的历史效应。校风、教风、学风、学术传统、思维方式的形成，不是一代人，而是由几代人或数代人自觉不自觉地缔造的，而且代代相传。任何一种校园文化，一经形成，必然会传承下去，不因时代、社会制度不同而消失，当然会有所损益，然而其精神实质却是永续的、永生的。校园文化还能促进社会文化的传承与发展。

（三）高校校园文化的内涵与特征

1. 高校校园文化的内涵

对于高校校园文化的内涵，仁者见仁，智者见智，但是都是参考文化的概念提出来的。

学者白同平认为，"高校校园文化的基本结构要素包括校园物质文化、校园文化活动、校园规章制度、校园精神、校园价值取向等"。学者于晓阳认为，"高校校园文化是指学校全体师生员工在长期的办学过程中培育形成且共同遵循的最高目标、价值标准、基本信念和行为规范，它是一种管理文化、教育文化和微观组织文化"。

综上所述，高校校园文化是在高校校园里形成的以高校师生为主体，具有独特文化氛围的制度文化、行为文化、物质文化、创业文化、精神文化、学术科技文化、网络文化等的总和。它以大学良好的人文环境为依托，以大学师生参与各项活动为载体，以提高学生修养为目的，提升大学生品位，促进大学生全面发展。

2. 高校校园文化的特征

（1）批判性、创新性和保守性

高校校园文化具有文化选择的作用。也就是说，高校校园文化可以根据一定的标准，剔除文化内容中的一些糟粕。该过程保证了高校校园文化传播方向的正确性，同时也能够对高校校园文化传播内容起到一定的净化、筛选、过滤等作用。而高校校园文化中孕育出的新思想、新观念及新物质文化形态，对高校校园文化的生存和发展都具有至关重要的作用。与其他一些亚文化相比，高校校园文化几乎很少受到功利性的束缚，所以其拥有一些对社会的人文关怀。从高校校园文化的价值观与行为规范方面来说，其根本任务就是批判与创新。而这也就使得高校校园文化的主体有可能、有条件去涉足前人留下的思想"空白区"，认真思考和探索当代人们的思想"特区"，提出新的具有特色的观点，并形成新的思想。从人类社会发展的角度来看，高校校园文化往往会为各种新的文化思潮、意识的产生与发展营造一种良好的氛围。

确实如此，很多旧的观念很容易在高校校园主体的批判中更新，很多新的观念、新的思想也非常容易在高校校园中产生。这充分显示着高校校园文化的批判性和创新性。

高校校园文化还具有保守性的鲜明特征。这主要表现在它对其他文化的排斥上。在高校校园文化的发展过程中，绝大多数教师和学生都会自觉对各种腐朽、没落的劣性文化进行抵制和批判，将高校校园文化与其分割开来。高校校园文化的保守性反映了校园人与其他人群在认识方面的差别。

不过，随着学校职能的拓展和大众传媒、网络技术的发展，以及社会环境开放性的日益加强，高校校园文化主体受到很多新思想的影响，也开始慢慢更新自己的思想。这就使得现代的高校校园文化只在校风、校园精神等文化核心特质方面表现出了一定的保守性。当然，这种保守性也随着时代的发展在不断弱化。

（2）多元性

随着经济全球化进程的不断推进，世界不同国家和民族之间的距离越来越小，而高校校园文化在日益开放的大环境下也变得越来越多元。如今，高校校园已成了外来文化最主要的集散地。国外的许多新的理论思想大多是先进入高校，然后再通过高校的辐射功能和人才的流动进入社会。

高校之所以能够形成多元的校园文化，主要有以下几个方面的原因：一是高校具有日益频繁的学术交流和相对宽松的工作环境；二是高校具备接受外来文化的良好条件，而且也具备融合、接受外来文化的能力；三是高校具有高智商群体，有能力完成接受、转化和融合外来文化的任务。

（3）多样性

高校校园文化中包含的理念、精神风貌和价值取向等，一般都是借助一定的载体而存在的，这些载体往往是多样的。例如，体现高校校园风格的各式建筑和人文雕塑等；蕴含高校师生思想、情感的花草树木和亭台轩榭等；反映高校教育思想、治学态度的各种教学设施，规范、约束高校校园人的一系列规章制度和行为准则等。通过这些形式多样的具体的载体，高校校园文化才得以生存和体现。

客观来说，高校校园文化内容的多样性和高校校园文化形式的丰富性，决定了高校校园文化的载体具有多样性特征。高校校园文化涉及学生学习、生活和工作的方方面面，而且高校校园环境也包含了许多小的层次，校园文化活动更是异彩纷呈，这些都决定了高校校园文化不可能仅由单一的某种形式在某个载体上完全地表现出来，而只能由诸多载体从各个方面分别表现之后汇聚形成。

（4）高雅性

事实证明，高校校园文化确实反映了高校全体师生的思维方式、价值取向和行为规范。由于高校教师和高校大学生普遍具有较高的文化层次，具有较好的人文修养，因而他们的品位相对要高一些，这就使得高校校园文化具有高雅性的特征，主要体现在以下几个方面。

第一，高校师生普遍具有丰富的知识，因而能够更加积极主动地对高校校园文化进行改进和创新。从这个角度来看，高校校园文化在价值取向上的格调会比一般社会文化更加高雅。

第二，大学校园是知识聚集的场所，高校师生可以运用自己丰富的知识更准确地去取舍和鉴别高校校园文化。

第三，大学校园可以说是人才汇聚的一个场所。在校师生为了能够切实提高自身的文化修养，普遍追求一种十分积极的价值取向。于是，在这种高校校园文化氛围中，正确向上的价值取向得到弘扬，而消极庸俗的思想和价值观普遍遭到批判，使学术性的精英文化牢牢占据着主导地位，高校校园文化的高雅性也得以维持。

（四）校园文化的功能

校园文化的功能不是直接可以触摸得到的，然而生活在校园之中的人时时、处处可以感受得到。校园文化是学校的一种"教育场"，它不仅能陶冶师生的情操，规范师生的行为，而且能够激发全校师生对学校的教育目标、教育准则的认同感和作为学校一员的使命感、归属感，形成强烈的向心力、凝聚力和群体意识，同时，还能对学生起到潜移默化的教育作用。

1. 德育功能

德育，又称思想品德教育，它是教育者按照一定社会的要求和受教育者思想品德形成的规律，有目的、有计划、有组织地对受教育者进行思想政治教育和道德品质教育的活动。德育是全面发展教育的重要组成部分，它在人的全面发展中占据首要地位。

校园文化作为学校全体成员共同拥有的价值观念，既为全体学校成员所创造，同时反过来又塑造了这个群体。校园文化自身及其建设过程都蕴含了极强的德育功能。

（1）教育导向功能

校园文化对于培养学生坚定正确的政治方向、辩证唯物主义世界观和共产主义理想具有重要的教育导向作用。德育的根本任务是，要在政治方向上培养学生坚持四项基本原则，树立建设中国特色社会主义的坚定信念，正确地认识世界，形成马克思主义科学的世界观，树立共产主义的远大理想。校园文化建设也为完成这样的任务而服务。校园文化建设的根本目的是教育、引导广大师生员工，用社会主义思想和共产主义理想占领思想文化阵地，提高师生员工的思想道德素质和科学文化素质，努力培养更多的德、智、体、美、劳等全面发展的社会主义事业的建设者和接班人。学校尤其是高等学校，是知识和人才密集的地方，各种思想观念在这里交汇与碰撞。改革开放的深化，一方面为广大师生提供了一个拓宽知识面，接触新思想的良好环境；另一方面，由于国门打开，在引进先进科学技术、管理思想、文化产品的同时，一些不良思想观念会随之进入我国的思想文化领域。青年学生囿于自身知识、年龄及阅历等，容易把一些消极落后的东西当成崇拜和迷信的对象。校园文化能够通过自身特有的教育选择功能，扬优抑劣，在各种文化活动中，把党的基本路线渗透到学校的精神文化生活中去，引导广大学生坚定信念、奋发求知，立志成为合格的社会主义事业的建设者和接班人。

（2）正确的德育方法

从德育方法论的角度来看，德育方法一般有说服教育、榜样示范、实践锻炼、情操陶冶和评比奖惩等形式。校园文化中采取的展览、校报、广播、形势政策报告、英模报告、法制讲座、参观访问等，也都是很好的说服教育方式。在良好的环境里，榜样的力量是无穷的。校园文化建设中树立的校园典范，设置的伟人、英雄雕像，提倡的导师言行事迹以及教师自身的示范，都为学生思想道德品质的形成树立了榜样。

校园文化的种种实践活动，为学生良好品德养成提供了必要的锻炼机会。而校园制度文化的建立，在客观上约束和引导着学生按照学校根据培养目标制定的规范去行动。按制度办事，本身就是一种很重要的实际锻炼。情操陶冶则是通过创造良好的情境，潜移默化地培养学生道德素养的方法。校园师生高尚的人格魅力，美观整洁的校园环境，良好的校风以及音乐、美术等校园文化艺术活动，都是陶冶学生情操的重要因素。学校进行的各种评先活动与表彰奖励活动，更是对学生良好品德养成的一个有效激励的方法。

校园文化能够密切结合学校特点，鲜明地体现德育要求，具有明显的教育导向功能，对学生思想升华和品德教化具有明显的作用。通过这一方式，能够培养学生的道德评判能力，提高他们的道德践行和自我教育能力，增强他们抵制各种腐朽思想的自觉性，使他们形成符合社会需要的思想道德品质。

2. 情感功能

情感是人的一种复杂的心理现象。现代心理学的相关研究已经揭示出人的情感的属性。人的情感是文化情感赖以产生的基础，没有人的情感，也不可能有文化情感。列宁曾经指出："没有'人的情感'，就从来没有也不可能有人对真理的追求。"这说明，人的情感可以使人认识真理，追求真理。文化情感也是如此。校园文化可以激起人的情感，可以通过人的情感作用产生较大的影响。

目前，人们在论及校园文化的功能时，对情感功能有所忽视，这是一个较大的缺憾。如果从教育学、社会学的角度去认识校园文化的功能，就只能抓住校园文化影响学校成员成长的共同性，而不能抓住其特殊性。

因此，对校园文化功能的研究固然可以从教育学、社会学的角度进行，但任何舍弃文化情感领域的研究，是无法发现校园文化的真正的功能的。既然校园文化对人的情感发生作用，我们就必须从心理学、美学的角度进行研究，找出校园文化的功能系统。校园文化的情感功能具体包括激励、娱乐、审美这三项功能。

（1）激励功能

校园文化为扩大学生的知识面，开发学生的潜能，优化学生的情感，促进学生个性发展，满足学生社会交往，提供了适宜的环境。校园文化的激励功能，又叫"动力功能"。所谓"激励"，就是激发和鼓励的意思，就是通过某种刺激因素，促使某种思想、愿望和行为产生的心理过程。在校园中，学生受到文化情感的激发是一种普遍现象。学生每天都要接收各种文化信息，在心理和精神上出现了深层次需要，这些需要的不断"膨胀"，就成了一种刺激因素，促使学生产生各种情感。例如，在革命传统教育中，感受到那种浓烈的爱国主义精神，那种对人民对党赤诚忠心的情怀，对于大多数立志于建设社会主义的热血青年来说，无疑有着很大的教育作用。由此看出，优良的校园文化往往像一把火炬，能在寒冷中给人带来温暖，在人们苦闷彷徨之际，给予光明和力量。

因此，作为校园文化，只要它内容健康，情感健康，不管是物质形态的，还是精神形态的，都能起到激励学生前进的情感作用，从而使学校形成精神振奋、朝气蓬勃、开拓进取的良好风气，形成一种你追我赶的激励机制。它有利于在全校成员中培育和树立共同的理想和目标，增强事业心和责任感，极大地激发出积极性、创造性，从而对学校建设做出积极的贡献。

（2）娱乐功能

过去，我们在认识校园文化时，仅注意到"教育"或"教化"功能，对娱乐功能重视不够。罗马古典主义理论家贺拉斯的"寓教于乐"的观点，完全可以被引入校园文化之中。校园文化不单单是为了教化，还应该有消遣和调适作用，做到"教诲与娱乐携手并进"。

娱乐功能，也称"消遣功能""调适功能"。对于学校成员的生活和精神来说，校园文化是一种很好的调节剂。

校园处处是文化。如果校园文化有专业文化（或事业文化）和业余文化之分的话，那么发生在上课和上班时间、空间里的文化活动和文体现象就是"专业文化"，而学习、工作之外的各种文化活动、文化现象就是"业余文化"。校园文化的发展不仅有效地调控着专业文化生活，而且有效地调适着业余文化生活，这是经过许多研究者研究发现的基本事实。作为校园文化一部分的业余文化生活，不仅可以作为紧张学习、工作之余的体力、脑力恢复的调节剂，而且可以进一步作为人们娱乐、享受、愉悦身心的调节剂。如文学、书法、音乐、舞蹈、演讲、集邮、棋类、摄影、竞赛等，在校园生活中始终是人们喜闻乐见的具体调节形式。这些形式近似一种消遣，但从生理和心理的需要来看，通过身体放松，竞技，欣赏艺术、科学现象和大自然等，为丰富学校成员的精神文化生活，提供了可能性。因为"消遣为人们提供了激发基本才能的变化条件"。

此外，渗透了校园文化精神的校规校训、校风校貌、校内人际关系等，对学校每个成员的思想和行为都起着一定的约束作用，是一种由心理制约而发生作用的自我管理和约束,它是通过学校成员自省时的内疚自责而改变不良行为的约束。这是一种有效的"软约束",通过创造昂扬的精神风气和融洽的文化氛围,消除人们心理和情绪上的自我干扰和相互摩擦,减少内耗,协调人际关系,使个体的潜能得到进一步的挖掘和发挥。

(3)审美功能

审美功能,又称"美化功能",它可以说是推动人类自身发展的一种内驱力。校园文化的审美功能是看不见摸不着的,它存在于校园成员的情感体验之中。校园文化的丰富,充实了人们的精神世界,同时也提高和美化了人们的精神境界。如果没有情感的熏陶、审美的内化,学生的精神世界将会贫乏、平淡、单调,在校园中的生活也就不会有光彩和美感。因此,要使每个学生的心灵美丽、充实、多姿,就必须重视校园文化的审美功能,通过情感和美感的力量使他们茁壮成长。

马克思说:"人是按照美的规律来塑造物体的。"人追求美是人追求自己本质力量的丰富性的体现。在校园文化中,那些内容健康、形式多样、格调高雅的精神文化活动,可使校园成员以此为兴趣和起点,努力学习和培养正确的审美意识、审美理想、审美观点,特别是对美的感受。对学生来说,丰富而健康的精神文化活动,为学生充分地表现爱美的天性,提供了机会和条件,让他们以各自的审美情趣美化生活,从中得到多样化的体验,并极力按照美的规律塑造自己。

因此,在引导和鼓励学生追求仪表美的同时,我们应注重教育学生对自然美、艺术美、社会美等的向往与追求,帮助学生抵御那些低级淫秽、腐朽、毒害青少年健康成长的、与社会主义精神文明格格不入的审美情趣,从而培养高尚的道德情感和审美情趣,以推动社会主义精种文明建设不断向前发展。

总之,校园文化的情感功能,大都是在潜移默化之中发生的,其对校园成员的影响既深刻又广泛。这里探讨的校园文化的几大情感功能,仅仅是选择了影响最显著的几个功能来论述。研究校园文化情感功能,目的在于通过它去认识校园文化的本质,进而为建设中国特色社会主义校园文化提供必要的理论依据。

3.智育功能

智育是教师有目的、有计划、有组织地向学生传授系统的科学文化知识,培养学生基本的技能技巧,发展学生智力的教育活动。智育担负着传授知识、培养技能、发展智力的重任,它对人的全面发展和社会的文明进步都具有重要的意义。智育是学校教育的主要任务,是人类文明进步的必要条件。在实施智育的过程中,必须遵循一些基本原则，比如间接经验与直接经验相结合、学习与思考相结合等。校园文化本身包含着较强的智育功能。

（1）传播人类知识文明

校园文化中一部分活动属于课堂教学。课堂教学直接传授系统的科学文化知识和技能。在这一过程中，根据教学相长的原则，师生双方通过课堂教学的形式，巩固和传播着人类的知识文明。

（2）创造人类技术文明

校园文化的其他活动对于实现智育目标具有重要作用。当今世界是科技迅速发展的社会，随着邓小平"科学技术是第一生产力"论断的提出，科学技术在我国国民经济中的地位越来越不可替代。同时，现代科学技术发展已经出现了高度分化和高度综合的趋势，边缘学科与交叉学科相互作用越来越明显，知识经济已经初露端倪。所有这些，都要求学校用新的科学知识武装学生头脑，而这除了要发挥课堂教学的主渠道作用外，还应重视校园文化中的第二课堂活动和科研学术活动的特殊作用。校园文化的丰富性和灵活性为兴趣不同、爱好广泛的同学提供了学习的场所和施展才能的机会，实现了与第一课堂的衔接，直接经验与间接经验得以结合，思维能力得以锻炼，使学有余力者能够按自己的意图设计研究新的课题，发挥自己的优势和专长，弥补课堂教学的不足。

（3）培养良好的兴趣和情操

校园文化传播知识的广泛性，有利于满足学生对知识的渴求，扩大知识面，培养出科学的思维方式和文化观念。校园文化活动不但能较好地培养学生的智力，而且能够通过有目的的活动，如读书比赛、科技兴趣小组、社会实践考察活动等，较好地培养学生锲而不舍、一丝不苟、勇于创新的意志品质，激发其旺盛的求知欲，树立起自信心，养成协作向上的良好性格和高尚情操。校园文化中凝结和传导着许多科学文化知识，尤其是一些最新的知识信息，往往能通过校园文化活动及时传递给学生。

（4）有利于理论与实践的结合

校园文化的社会实践性，使学生将所学的科学文化知识与实际相联系，提高解决现实问题的能力，增强学习动力和现实责任感。学校开展的各种教育实习（见习）等校园文化活动，就较好地体现了这一点。

4.社会功能

校园文化有助于个体社会化。学校的文化环境绝不是孤立封闭的，而是开放复杂的，与社会神经息息相通。一方面，校园文化以其特有的精神环境和文化氛围，使生活在校园之中的个体有意无意地实现精神、心灵、性格的塑造，达到社会化的目的；另一方面，经社会化了的校园成员通过与社会的接触和交流，以其良好的思想文化素质和文明行为去影响他人。因此，校园文化的社会功能主要体现在社会同化功能和社会辐射功能两方面。

（1）社会同化功能

所谓"同化"，是指一个人自愿地接受他人的观点、观念、态度和行为，使自己的态度与之相接近。校园文化社会同化的功能，其实就是校园成员（尤其是学生）个体社会化的过程。

按照心理学的观点，人的社会化过程是通过人的一生来完成的，个体从婴幼期开始，经过童年、青年、成年以至老年，都在不断地进行着个体的社会化过程。青少年时期是一个人生理、智力发展的黄金时期，学校教育的影响，是促进个体社会化的主要因素。

现行的学校教育，其实现的目标之一就是促进校园成员个体的社会化。而这种个体社会化的内容与要求，是和校园文化的教化目标一脉相承的，因为校园文化的深入发展可以使校园个体与社会环境之间达成平衡和协调，从而实现对人的精神、心灵及性格的塑造，达到社会化的目的。

对于学校的主体——学生来说，社会同化的最终完成，包括了以下几个社会化过程。

①知识技能社会化。学生是社会主义建设事业的后备军，学校有责任有义务在加强学生社会化方面提供指导，使他们尽可能多地获取各种生活知识和职业技能，从而在走上社会后能独立生活和独立工作。

②角色社会化。学生要符合社会的要求和规范，取得社会成员的资格，必须学习适当的社会角色，同时为适应社会发展和科技进步的需要，须不断学习新的角色，善于正确地承担多种角色。

③政治社会化。在社会主义制度下的社会环境中，政治性是客观存在的现实状况。学生的政治社会化就是要求学生适应这种客观特征，接受特定社会的政治现状，接受和服从其政治规范，并在社会生活中以这种政治准则约束自己的政治行为，使自己在心理上和行为上与所生活的社会的政治氛围达成适应性平衡。

④道德规范社会化。社会主义社会要求学生必须具有大公无私的道德精神，具有务实踏实的职业道德和互相关心、互相爱护的精神风尚。道德规范社会化就

是要求学生以共产主义思想道德为指导，以社会规范为标准进行自我控制，提高他们遵守道德规范的自觉性，从而使他们在步入社会后成为社会主义事业的建设者和接班人。

（2）社会辐射功能

"辐射"原是物理学上的概念。这里所说的"辐射"，是指校园文化的文化态势高于社区乃至社会的总体文化态势时，就要对其产生影响。

学校是传播精神文明的场所，其文化层次和品位，较周围地区相对要高。从个体而言，一个人求学、深造的结果，除获取各种社会知识和专业知识外，还接受了精神文明的熏陶，具有良好的思想文化素质和文明行为，一旦步入社会势必对他人产生影响。从群体而言，一所学校就是一个整体，它综合了每个个体的素质，在文化上达到社会文化的制高点。由于学校坐落于一定区域之内（如城市、乡村、矿区等），因此，校园文化对周围社会文化场的辐射影响，既有广度又有深度，而且具有其他文化所无法比拟的功能优势。

校园文化对社会文化场的辐射影响，主要依仗于三种文化流的作用。

①人才流。学校是人才的摇篮，每年要从这里输入输出许多人才。培养输出的人才，就像一粒粒种子把所在学校的优良校风、精神风貌播撒到四面八方。

②知识流。学校作为一个整体，在其所在的社区中，往往会以其较高的文化功能去服务社会。特别在社会主义市场经济的新形势下，学校除了育人功能外，还增加了社会服务功能，需要面向社会进行各种知识性和技术性的服务。社会服务工作的开展，势必在学校与社会组织的合作中，产生文化"辐射"作用，从而提升社区的文化内涵。

③传播流。任何学校都有自己的宣传阵地，拥有传播知识信息和科研信息、服务信息的工具和媒介，以及与外界社会进行联系的文化通道。利用它们，可以将本校的情况、信息及时向社会扩散，不断对社会文化的建设起推进、示范和导向作用。

高校是一支重要的社会力量，在促进社会和谐发展方面具有重要的地位和作用。高校主要通过不断提高办学质量、切实履行自身职能来为和谐社会建设服务。众所周知，高校历来承担着人才培养、科学研究、社会服务和传承文明几项职能，其办学质量的提升也主要取决于这些职能的强化。高校职能的切实履行无不需要校园文化的引导、渗透和支撑。

比如，为社会培养高素质人才需要良好的校园文化环境，需要良好的校风、教风和学风；开展科学研究，促进知识创新，产出科研成果，需要树立创新精神，具备良好的学术道德；为社会直接服务，需要树立时代精神和社会参与意识；传承文明，需要发扬科学精神和人文精神等。

（五）校园文化的基本要素

从对校园文化的定义来看，校园文化不仅是一种成果，更是一种活动。深刻地分析校园文化的基本要素，是概括校园文化的基本特征与功能，加强校园文化建设的前提和基础。

1.校园文化的主体

校园文化的主体是校园文化的直接继承者、建设者、创造者和反映者。关于校园文化主体的范围，学术界存在分歧。有人主张校园文化是学生文化，只有学生才是校园文化的主体；还有人认为校园文化就是教风和学风，因而，教师和学生都是校园文化的主体。校园文化不仅包括学生和教师，而且还应包括学校领导、管理人员以及职工。校园师生员工在一定领域以各种不同的方式为创造和反映校园文化而协同活动。苏联杰出的教育家马卡连柯说："一个人不能一部分一部分地来教育，而是由人所经受的种种影响的总和综合地教育出来的。"由此可见，学校教育任务的落实和完成是各主体作用的结果。

各种校园主体由于其社会角色和地位等因素的不同，其带来影响的方式和程度是有区别的。学校领导是学校的法定代表人和教育方针的实施者，他们的价值观念和行为方式对校风及整个校园文化的倾向具有决定性影响。教师作为教育者的任务是传道、授业、解惑，他们闻道在先，术业有专攻，社会要求以及对社会文化的选择最终必须由教师具体地来贯彻落实。用教育学的术语来说，教师在校园文化活动中起着主导作用。教师主体直接制约着校园文化的性质、方向、水平甚至模式。学生是校园文化主体中最大的群体。学生是处于发展过程中的群体，他们乐于接受新事物，富有批判精神，社会文化与变革的矛盾往往集中在他们身上。这给他们的思想行为带来极大的压力，而这种压力又与他们的知识经验和阅历不甚协调。因此，学生的思想行为常常表现为波动不定状态。校园的职工队伍也是校园文化主体的一部分，他们通过管理和服务工作也对校园文化产生非常具体的影响。此外，那些给予学校直接关心的群体或个人也给校园文化以不同程度的影响，我们称之为准校园主体。校园文化主体是校园内师生员工组成的集合体，由于主体来自不同阶层，具有不同的社会角色以及不同的年龄、学历、阅历，他们在校园文化倾向上也存在一定的群体差异。

在校园文化的基本要素中，校园主体作为文化载体是其中能动的因素，其素质直接决定着校园文化的性质、水平以及活动方式的选择，他们是推动校园文化变迁、传播的直接动力。因此，要建设适应时代要求、具有中国特色的社会主义校园文化，必须提高校园文化主体的素质。

2. 校园文化的环境

校园文化的环境包括校园自然环境、人际关系环境和文化历史环境。

校园自然环境是指校园内外设置的种种教学、科研、生产和生活机构的领地。教学、教研机构是校园文化活动的主要场所，生产和生活机构则是校园文化对外传播的前沿阵地，也是接受各种社会文化信息的"窗口"。

校园人际关系环境是由校园文化主体之间及准校园文化主体之间相互交往、相互影响而形成的。它是一种动态的场环境。由于校园文化的多主体性，校园人际关系也是错综复杂的。

校园文化历史环境主要是指某一学校历史文化传统的积淀以及社会大文化背景下校园文化主体进行的文化活动。

3. 校园文化建设的手段和方法

校园文化建设的手段是指文化活动的技术性方式。它大体可分为物质性技术手段和非物质性技术手段。前者是指各种教学、科研、生产和生活的材料和设备，后者则是指非物质的语言和情感等。文化建设是校园文化得以延续的基本条件之一，它始终处于不断更新与完善的过程中。不同时代、不同国度、不同民族的校园文化建设手段存在很大差异，从古代学校简单的口耳相传到现代学校的计算机教学就是证明。

校园文化建设的方法是各种技术手段的组合。它可以分为实验的和非实验的方法。实验的方法主要是物质技术手段与非物质技术手段的有机结合，非实验的方法则主要是非物质技术手段的组合。事实上，校园文化建设作为一种创造和反映过程，是两种手段和两种方法综合起作用的，在文化活动过程中人们可以根据具体文化活动的性质和条件而有所侧重。

校园文化建设在手段和方法上，较之于社会文化系统以及其他亚文化系统，具有极大的便利和优势。但从我国现阶段校园文化活动开展的实际看，应当更强调非物质技术手段和非实验方法的运用。

4. 校园文化的建设途径

校园文化的建设途径是校园文化主体与校园文化建设的手段、方法在特定环境下的结合。校园文化主体的角色、地位以及任务的不同决定了校园文化建设途径的选择受到一定的限制。不同的主体在不同的环境条件下只能选择相应途径。校园文化建设的基本途径主要有教育教学、行政管理、生产科研、后勤服务、文化娱乐以及对外交流等六个方面，各种途径都有发挥自身功能的特定方式，其中教育教学途径是校园文化赖以产生、发展并区别于其他亚文化系统的主要方面，在这一领域进行的文化活动构成整个校园文化的核心。由于学校教育的特殊性和层次性，校园文化相对于企业文化、军营文化、社区文化等更富于理性色彩和创造精神。

第二节 校园文化的历史追溯

一、中国古代校园文化萌芽期

翻阅典籍，我们可以发现，早在原始社会后期，我国就有了学校教育的萌芽，秦汉以后文教政策进一步得到确立，直到清末建立新式学堂开始向近代教育制度过渡，这构成了古代学校产生发展的全过程，同时校园文化也随之产生。"三皇五帝"时代就有了中国的第一所高校，名为"成均"。在《礼记·王制》中有："有虞氏养国老于上庠，养庶老于下庠。"其注："上庠，高校，在西郊；下庠，小学，在国中王宫之东。"《礼记·文王世子》曰："以其序，谓之郊人，远之，于成均。"朱熹在《高校》注文中说："高校者，大人之学也。""大人"之意有二：一谓有权势的人，一谓长大成熟的人。虽然在上面的文典中提到了"高校""小学"此类名称，但是我们仍然无法准确地推测出当时是否已经产生实质意义的高校教育规模和体系。西周时期出现了具有高等教育功能的学校。在西周时期天子设"国学"，内分五学，辟雍居中，也称"太学"，周为四学，所学专业，各学分明。水南叫"成均"，取五帝之学名，传习乐德、乐语、乐舞等内容；水北叫"上庠"，取虞学之名，传习典书、诏书等内容；水东叫"东胶"，取夏学之名，传习干戈、羽龠等内容；水西叫"西雍"，取殷学之名，也叫"瞽宗"，传习礼仪等内容。很显然，这种专业的教育能造就拥有各种不同特长的人才，以供管理天下所用。从西周高校的教育管理制度和最终培养目的上也可以看出它与初级教育的区别。《礼记·学记》中记载，入太学者，必须是塾、庠、序中逐级升入的"俊选之士"和贵族子弟，入学之后，"中年（隔年）考校。一年视离经辨志，三年视敬业乐群，五年视博习亲师，七年视论学取友，谓之小成；九年知类通达，强立而不反，谓之大成"（《礼记·学记》），其最终目的是培养治理民众的官员。考试的优选制度和优秀人才可以仕进得官从很大意义上刺激了高校学生的学习积极性。这与现代高校教育制度在许多方面有相似之处。

西汉时期，在经历了秦始皇"焚书坑儒"事件之后，一度沉寂的学校文化重新发展起来，儒学成为中国封建统治的学术正统。太学成了传授知识、研究儒学和培养统治人才的场所，曾在东汉末年的政治斗争中发挥了积极的作用。到隋唐时期，社会发展达到一定高度，国家统一，经济较为繁荣。当时实行以儒学为主干、佛教和道教为支干的政策。这一政策使得不同形态的文化得到更加充分的交流和前所未有的发展。新制度让出身低微的寒门学子也有机会凭自己的努力成为封建官僚的一员。开放的国策使得学校文化进一步开放化，明清时期，政治、经济、文化均有较大发展。

二、近代高校校园文化建设的特点

近代中国社会逐步从半殖民地半封建社会中脱离。尤其是甲午中日战争之后，康有为、梁启超等先进资产阶级代表人物纷纷提倡并兴办学校，这些改良派为中国的广大师生提供了新的思想交流场所，将社会新思潮推向了前沿阵地。在戊戌变法失败后，广大师生在校园内组织了反帝反封建运动，他们一次又一次走上街头，迫使政府废除落后的科举制度，建立了新学制，进而推动了整个社会的又一次大前进。

以孙中山为代表的具有新思想的知识分子看到专制统治者勾结帝国主义列强严重地阻碍了中国社会的进步，尖锐地批评"昏昏沉沉而不醒"的"奴隶根性"的精神状态。孙中山高举三民主义旗帜，与列强誓死抗争。

在辛亥革命后，近代高校文化得到快速发展，新政府制定了新的法令条款。这些新规定以"注重道德教育，以实利主义教育、军国民教育铺之，更以美感教育完成其道德培养"为宗旨。提倡新道德、反对旧道德、提倡新文学、反对旧文学的资产阶级思想启蒙运动——新文化运动在中国各主要大城市的高校校园展开。校园文化是在一定的历史条件下，学校为谋求生存和发展，达到既定的教育目标而在长期的教与学、工作与生活等多方面实践中逐步形成和发展起来的，并成为广大教师和高校学生所认同的一种群体意识，它既包括高校的学风、校风，学生的思想、意识、观念、习惯及情感，又包括与高校校园和高校学生生活密切相关的各种价值观念、社会心理、审美情趣、思维模式、行为方式等。此时的高校校园文化作为一种高层次的文化，是培育高校学生的催化剂，对高校的学风、校风建设和高校学生的思想具有较强的凝聚和导向作用。

三、新中国成立后至改革开放前校园文化建设的特点

新中国成立后高校校园文化发展经历了曲折的变化。新中国成立揭开了中国高校校园文化全新、独立的发展序幕，至改革开放前，我国高校校园文化的发展大体经过了两个阶段。

第一个阶段是新中国成立初期和社会主义建设十年时期高校校园文化呈现一片崭新的气象。各高校确立了马克思主义政治理论课在学校德育中的地位。高校校园文化不仅成为配合党的工作进行宣传教育和思想政治工作的主要途径，而且成为高校师生员工精神文化生活的重要组成部分。各高校组织广大师生积极参加各项社会活动，逐步将教学、生产、科研相结合。在生产劳动的实践中，广大师生不仅增强了专业知识的实践能力，提高了思想觉悟，而且创作了大量鲜活的文艺作品，使高校校园文化呈现出历史上从来不曾有过的新气象。

第二阶段是 20 世纪六七十年代，高校校园文化遭到灾难性破坏，高等学校的教育事业遭到严重破坏，直接导致校园文化走向歧途，高校校园文化的发展进入低潮。

四、改革开放后高校校园文化建设变迁

高校校园文化建设自改革开放以后实现了蓬勃发展。恢复高考后，高校师生逐渐从教条主义和个人崇拜的狂热中解放出来，个人主体意识日益增强，对价值观和爱国主义有了更加理性的理解和解释。1981 年北京高校学子喊出了"团结起来、振兴中华"的口号，表达了当时的青年赤诚爱国、血性报国的共同心声，这一呐喊成为高校校园主旋律。高校校园兴起了以"读书热""文学热"和"哲学热"等为代表的"文化热"，形成校园文学的创作热潮。

从 1997 年开始，以"三下乡"社会实践活动为标志，高校学生的校园文化活动开始走出校园，服务社会，这些活动扩大了学生的视野，增强了他们服务社会的意识，成为高校校园文化发展过程中光彩的一笔。但是，在改革开放和市场经济的浪潮下，有些学生产生了"拜金主义"思想，学习被动，激情消退，甚至思想迷茫，在这种不良风气的影响下，部分高校的校园文化建设出现滑坡现象。

高校作为传承社会文化的纽带，在改革开放中不可避免地受到社会整体文化发展的影响，从而产生深刻的变迁。因此，高校校园文化的变迁是以社会发展脉络为主要线索和逻辑依据的，且高校校园文化变迁与改革开放的历史进程是契合的。

　　基于改革开放的阶段性发展，高校校园文化的核心精神也随改革开放的进程而呈现出阶段性的变迁轨迹。这种变迁表现为从宏观到微观、从理想到现实、从单一到整合、从严格到宽容、从外倾到内倾的发展趋势，并始终沿着正弦曲线的波动变迁。这种变迁不仅直接折射和反映社会变革的发展轨迹，而且将社会变革的全部内涵凝结成文化变迁的主题。

（一）高校校园文化的变迁是改革开放的时代反映

　　从 20 世纪 70 年代末开始，我国进入了以改革开放为鲜明特征的社会发展阶段。在从传统社会向现代社会转型的过程中，社会变革以前所未有的广泛性和深刻性震撼着社会政治、经济和文化领域，表现为深度的系统变革。追逐着社会改革的历史进程，高校校园文化将改革开放的主题内容和历史进步的时代烙印深深地熔铸在其自身的变迁发展之中。

　　首先，在社会结构日益复杂的环境中，高校校园文化由单一型向兼容型变迁。在改革开放的过程中，基于社会利益结构和社会阶层日趋多样的基本特征，高校校园文化的构成也呈现出丰富而多样的变迁趋势，主要表现为校园文化的结构趋向于开放化、内容趋向于多元化、功能趋向于综合化。由于高校与社会环境时刻进行着物质、信息交换，社会政治、文化、经济领域的每一个微小变革很快就会在校园内引起相应的躁动，导致校园文化体系日新月异。

　　因此，高校校园文化总是以最为快捷的方式感知和触摸社会进步的脉搏，并不断引领社会前沿的观念、汇集社会时尚的热点而成为社会文化不可或缺的重要部分。改革开放以来，随着社会开放程度的加深，高校校园的开放性也不断得到加强。随着社会文化的多样化发展，高校校园以开放的姿态将各类文化兼收并蓄，使高校校园文化系统成为一个复杂的构成体。其中既有高雅文化、精英文化、理性文化，也有流行文化、大众文化、感性文化；既有各类外域文化、外国文化，也有本土文化、本族文化；既有高雅文化，也有庸俗文化；等等。

　　其次，在日益开放的社会背景下，高校校园文化由封闭型向开放型转变。改革开放以来，随着社会经济和政治改革的深入拓展，社会文化领域的百家争鸣和经济领域的自由竞争不断促进文化观念的嬗变。伴随社会文化的发展，高校校园生活也日益打破自成一体的封闭模式，纷繁复杂的社会现象通过各种渠道体现在校园文化的诸多元素中。

　　与其他亚文化相比，高校校园文化具有思想敏锐、观念开放，接受新事物快、批判意识强的特色，并对社会的风云变幻十分敏感。在开放的环境中，各类文化观念纷纷涌入高校，并在各类知识和文化策源地（高校）衍生出富含时代特色的文化价值观念。伴随改革开放的发展，循着社会经济、政治和文化发展的轨迹，高校在开放的社会环境中汲取着改革的价值精神和时代养分，日益呈现出开放、透明和民主的文化气息，校园内日益凸显对个性发展、平等意识和权利观念的尊重。开放的校园文化在核心精神的追求上逐渐体现出普遍主义特色，尊重社会事实的真实性，注重社会规则的公平性，并热心和关注公益事业，具有更自觉的环保意识。在开放的校园中，校园文化表现出对社会上各类生活方式和价值观念的包容和认同，如街舞表演、网络歌曲、VCR（Video Cassette Recorder）短片等，成为大学生的新宠，在大学生中传播较快。开放的校园内，师生们愈来愈喜欢直率的情感表露，不愿扭曲个性，厌恶形式主义等。

伴随着改革开放的伟大进程，高校在与社会进行观念对接和信息交换时，不仅首先感知到改革开放带来的急剧变化，而且以校园热点变迁的方式来展示深刻而伟大的社会变革。纵观改革开放的历程，我国高校校园文化的核心价值观念历经了三个发展阶段，并孕育和形成了与改革开放相适应的核心价值追求，见证了大学生价值取向不断变迁的历史轨迹。

20世纪80年代初，伴随改革开放而来的是高校校园对世界、社会和人生进行的自发的思考。传统文化中的"无我"价值取向在现实面前显得十分尴尬，高校校园开始了对世界、人生和社会的历史反思。基于改革开放对高校校园的深刻震撼，传统义利观、生命观的困惑与现实的校园文化激烈碰撞，高校校园开始了对"自我"存在的现实拷问。高校校园借助西方文化思潮对人的本性进行探讨已经深入了对经典性的人生价值范例的深度质疑。同时对传统文化所提倡的极端的固有价值内涵提出了异议，并对传统价值标准进行了重新审视。相对于传统文化价值观念中绝对利他的价值诉求，自我价值诉求的萌发无疑是巨大的历史进步。但是，在改革开放的时代背景下，由于高校校园在价值求解中难以排解偏激的情绪困扰，盲目仰望西方思潮华丽的外衣，忘记了脚下踏着的是古老的中国土地，因而在价值追寻中脱离现实和实际，暂时迷失了方向。高校校园价值取向的天平在否定"无我"的传统观念中，不可避免地向着"利己主义""以自为我中心"的方向倾斜。

20世纪90年代初，邓小平发表"南方谈话"之后，市场经济体制的渗透式影响突破了高校的藩篱，以迅猛的势头冲击着计划经济体制下的高校校园，"市场热"在高校校园中不断升温。在文化精神层面，高校校园以崭新的姿态全面融入市场经济体制，按照市场经济规律进行新的价值观念重塑。"市场"热潮迅速蔓延到高校校园的各个方面，影响了高校师生的饮食起居，引导着高校师生的思想情感和心理倾向，制约着高校师生的生活方式、行为选择和核心精神，进而从外而内地深刻影响高校校园文化的各个层面。在"市场"强力的渗透式影响下，高校校园文化的价值取向开始趋于实用性和功利性，高校校园逐步淡化对纯理论探索和学理式生活的仰慕和关怀，对未来的向往呈现出多元复杂的价值取向。

20世纪90年代后期，伴随改革开放的深入发展，社会的开放性和全面发展趋势为高校校园文化提供了更为丰富多样的发展环境。尤其是加入WTO以来，面对滚滚而来的经济全球化浪潮，高校校园渐渐认识到应该全面地看待世界，全面地认识"自我"，努力从多种角度塑造自己，以便全面实现"自我"。在市场竞争背景下，高校校园自身核心竞争力的高低、大学生综合素质的优劣，成为人们关注的热点，"综合素质热潮"由此悄然兴起。

（二）改革开放促进了高校校园文化的变革

一场从社会主义初级阶段国情出发，自觉启动的改革过程，带动政治、经济、文化等方面的相应变化，不仅引发了深刻的社会变迁，而且引起了高校校园文化的剧烈振荡，导致各类思想文化价值观念在冲突与磨合中进入了深刻的流变历程。

经济体制改革是高校校园文化变迁的原动力。依据历史唯物主义原理，经济的前提和条件是决定性的，每个时代的经济发展状况对当时包括文化在内的一切社会现象都具有决定意义。因为一切的社会意识形态都要依赖并受制于社会生产方式，生产方式决定社会生活的各个方面，生产方式对校园文化变迁的决定作用正是通过影响社会生活的各个方面实现的。追根溯源，文化的变迁是以经济的变化发展为核心的。基于经济基础决定上层建筑的内在规律，社会变革和发展不仅加速社会历史发展进程，而且会强烈地影响和改变人们的思想行为、社会关系和社会意识，并引起社会文化价值观念的深刻变迁。

市场经济既是一种经济形式，也是一种文化表现。文化作为一定经济条件下的包括人的价值理念、生活方式和行为方式在内的设计，并不只是经济表面的装饰物，而是内在于经济的人文力量。所以，市场经济的建立与完善，一方面要求实现文化的转型，另一方面也要求建立起与新的经济形式相适应的文化背景，作为新的经济发展的原动力。20世纪80年代以来，在经济体制改革的道路上，面对生产方式日新月异的态势，市场经济在观念层面带来了诸如竞争意识、风险意识、公正意识、效益意识、创新意识等的进步，以平等、独立、自由、竞争为核心的新型价值观在主流文化中得以确立。

对外开放是高校校园文化变迁的催化剂。40多年的对外开放就是中国打开国门审视世界、不断融入全球经济一体化的历程。在对外开放中，有一种力量深刻影响着文化的变迁：经济的全球化进程。

经济全球化进程强力推动高校校园文化加速变迁。经济作为一种文明，绝不仅仅只有物质的价值，它也包含着深刻的精神方面的含义，能够对文化的变迁产生重要的影响。源于全球范围内的经济发展带来的校园文化变迁通常有两种：一是潜移默化的渗透，二是显而易见的突变。

经济全球化引发的渗透式文化变迁主要源于西方富于渗透性的现代工业和现代科技，其对现代高校校园文化产生了强烈的冲击，充盈着对经济利益无限膜拜和盲动的情绪，也日益震撼着中国高校校园内"君子言义、小人言利"的价值观念。

经济全球化带来文化突变式的更替，主要源于货币资本在全球范围内空前频繁的往来。市场的开拓与扩张有力地突破了国家、民族、文化风俗以及意识形态划出的传统疆域。从跨国公司、卫星电视、互联网络到麦当劳、奔驰汽车、卡通片，这些异国他乡的文化正在穿越空间距离和森严的国境线，愈来愈密集地植入中国本土。高校校园是文化发展的前沿阵地，大学生始终是社会的先锋，他们思想活跃，敢闯敢为，乐于接受新事物。站在传统与现代、本土与外来的边缘，大学校园里面回避不了这样的问题：是崇古还是尚今？是慎终追远还是面向未来？是维护传统观念体系还是变革创新？因此，随着国际货币倾销而来的外域文化在高校校园中引发了深刻的思考、艰难的筛选与有效的整合，从而使得高校校园文化在选择中突变，在更替中和合发展。

新时期，各种形式的高校校园文化相继展开，校园文化作为一种人文思潮蔓延至整个国家，各种形式的学习活动、艺体活动、学术论坛等丰富多彩，推动了全国高校校园文化的蓬勃发展。

改革开放多年来，高等教育为适应形势的发展进行了全面深化改革，校园文化内涵也随之发生了巨大的变化。面对我国社会发展对人才素质的新的需求，增强校园文化对人才培养的重要性的认识已经十分必要。我们要对新时代高校校园文化的发展趋势进行评估预测，这对于正确地引导校园文化的发展、弘扬主流文化都具有十分重要的意义。

第三节 高校校园文化本质的界说

一、高校校园文化的定位

每个学校的校园文化都各有千秋，由多个因素决定，而不同时代、不同背景、不同类型、不同位置的学校的校园文化定位是不同的。我们以高校为例，讨论其校园文化的定位。

由于特殊的办学定位，高校成为各类学校中最接近素质教育本质的教育类型。但就目前的形势而言，大部分高校还处于发展时期，历史短暂，文化底蕴薄弱，生源与其他知名高校相比文化基础较差，因而，确定高校校园文化定位，建设特色鲜明的高校校园文化，显得尤为紧迫。

（一）高校的人才培养目标

高校的人才培养目标是培养具有良好的人文、科学素质和社会责任感，学科基础扎实，具有自我学习能力、创新精神和创新能力的人才。这一目标决定了高校校园文化既要服务于教育教学活动，又要为开展生产实习、经营服务、社会实践等各项活动创造条件，并把文化和实践贯穿于学校教育之中。体现在校园文化建设上，一是应紧紧围绕高等教育的办学理念、理想追求、办学目标和办学条件各显其能，通过校园文化的熏陶，使高校师生既是校园人，也成为企业人、社会人。二是以就业为导向，吸收企业文化、区域文化、品牌文化的特点，突出利于人才成长的实践教学环境设计和良好环境氛围的营造，与市场需要和社会环境零距离对接，增强高校学生的核心竞争力。这就决定了高校校园文化应以实践型为总特征，注重学有所成、学以致用，把知识学习和人格修养结合起来，知行统一，务求实效。其最终培养目标是：首先使青年学生成为一个具有良好教养、独立人格的人，其次使其成为具有某一方面专门知识或专业技能的人。

（二）高校校园文化的定位

高校校园文化建设，要注重在继承的基础上创新，更要注重个性上的创新。总的来说，高校校园文化的特色定位应体现在以下两个方面。

①高校校园文化建设要坚持德育首位，以道德教育突出高校特色。

②高校校园文化定位要立足高校特色，营造能力本位的校园文化体系。

高校要将高等教育所必需的人文修养作为提升人的品位的重要内容，促成职业能力培养中的自觉意识的形成，并为运用职业能力拓展出一个广阔的空间，使高校培养出来的学生成为既具有职业能力又具备与所学知识相适应的人文修养的全面的人。

高校作为为社会生产、建设、管理、服务一线培养高素质技能型人才的教育单位，其校园文化应融入更多职业要求、行业道德和社会因素，具有明显的实践性特征。在高校快速发展的今天，我们要按照高校校园文化的特点和规律，定位并创建具有特色的校园文化，为高校的师生员工创造昂扬向上的校园文化环境，促进高等教育的健康发展。

二、高校校园文化的本质

高校校园文化是文化大系统中的一个子系统。高校校园文化的本质在于促进作为高校主体的大学生群体的全面发展。长期以来，我们对高校校园文化的本质认识不足，以为高校校园文化只是丰富高校师生的业余文化生活，以为高校校园文化只是建高楼、搞绿化、开办讲座等，以为高校校园文化的建设只是学校特定部门如团委、学工处等部门的工作。我们没有认识到高校校园文化是高校各项工作的基石，没有认识到高校校园文化的深层本质是学校的元气，各项工作都应是这种元气的流布，广大师生都应能够受到它的滋养。

由于经济社会的发展，高校校园文化的发展也呈现动态性。但是高校校园文化的本质是不变的，它是人的全面发展。在中国，人的全面发展表现为人的德、智、体、美、劳的全面发展。高校校园文化引导着人的全面发展的方向。高校校园文化一般选择的是社会的主流文化，但是也不可避免地受到社会非主流文化的冲击。在主流与非主流文化不断的冲突与融合过程中，高校校园文化表现出高校主体的自主与自觉选择的特性。有人说，高校校园文化的变迁本质上是大学生正确的社会感知、成熟的文化自觉和整合的群体互动。这在一定意义上是大学生群体在文化的变迁过程中不断适应、调整的自我发展的反映。

第二章　高校校园文化建设

　　随着我国教育改革的不断推进，高校教育形式也在不断变化。校园文化作为高校发展的核心，对学生有着极其重要的影响。在新形势下，高校校园文化建设逐渐向多样化、时代化以及特色化方向发展。虽然当前我国高校校园文化建设整体取得了较为明显的成效，但也有很多问题需要进一步解决。本章分为高校校园文化建设的现状、高校校园文化建设的基本要求、高校校园文化建设的作用与意义三部分。主要内容包括：高校校园文化建设面临的挑战、高校校园文化建设的经验、高校校园文化建设存在的问题等方面。

第一节　高校校园文化建设的现状

一、高校校园文化的影响因素

（一）民族文化和社会传统文化因素

　　民族文化作为每个民族的传统文化，深深地扎根于社会生活的方方面面，也深刻地影响着校园文化，使它带上鲜明的民族色彩。在中国大学校园里，学生按班住宿，班集体在学生学习和生活中发挥着重要作用。诚实守信、礼貌待人、关心集体、和谐一致是学校重要的道德信条。课堂上教师讲、学生听，仍然是主要的教学方式。这一切无不与几千年的儒家教育思想和道德观念相联系，同样带有鲜明的中华民族特色。

　　社会传统文化也是影响校园文化的主要因素。所谓社会传统文化，是指在长期的历史发展过程中形成和发展起来的、保留在每一个社会中的具有稳定形态的文化。它是一定社会的历史遗产在现实生活中的展现，有着特定的内涵和占主导地位的基本精神。它负载着某一社会的价值取向，影响着该社会的人们的生活方式，聚集着人们自我认同的凝聚力，具有深厚的历史渊源和历史继承性。校园文化是以社会传统文化为底蕴的,是社会文化中的一个分支,受到社会传统文化的深远影响。一方面,社会传统文化是前人在劳动创造和革命实践中形成的精神成果,是凝聚着该社会悠久历史的精神创造,是宝贵的精神财富。对此,校园文化应当最大限度地继承和弘扬社会传统文化。另一方面,社会传统文化毕竟是历史的,有其糟粕的一面。对此,校园文化应予以批判。

(二)社会制度文化和学校传统因素

社会制度,作为宏观文化的重要组成部分,深刻地影响着校园内的微观意识形态和微观文化。例如,美国和欧洲的学校中,校方对学生的人生价值观导向是以个人主义为基础的。每个学生在校园内都是以个人身份生活、学习和竞争,群体约束是十分微弱的。但在中国,校方对学生人生价值观的导向则是以集体主义为基础的,因为这是我国社会主义价值体系的核心。每个学生不仅以个人身份生活、学习和竞争,而且他要时刻不忘自己是集体的一员,是班集体、校集体的不可缺少的一分子,并且愿意为集体贡献才智。

此外,在中国的大学里,中国共产党的基层组织广泛存在并居于政治核心地位,包括校园文化建设在内的一切教育活动是在党的领导下实施的。这一点与西方国家不同,这是由中国的四项基本原则和社会主义制度决定的。

学校传统也是影响校园文化建设的重要因素。学校传统是指学校在长期的办学实践中所形成的相对稳定的办学思想、办学模式、行为方式、行为习惯和校园风气。学校存在的时间越长,其传统越成熟,其稳定性越大。校园文化是不能割断历史的,因为它是学校长期发展的历史结晶。

(三)西方文化和网络文化因素

随着信息技术的突飞猛进、交通和通信技术的高度发展,当今经济全球化进一步发展,国家间的交往增多,人类不同民族、不同地区文化的交流越来越广泛、越来越深入,各个国家和民族间的距离越来越近,文化上的交流和融合已经成为当今重要的时代特点,校园也不例外。

首先是西方文化对校园文化的影响。从西方文化自身存在状态来看,它是一个动态的概念,不同于静态的思想,而且一旦具备了一定的时间条件,便会在社会上广为传播,并对国家社会产生巨大的影响。从内容上划分,西方文化思潮包括政治思潮、哲学思潮、经济思潮、文艺思潮、科学思潮等。纵观人类文化历史发展的轨迹,西方文化思潮是具有极其重要意义的一页,它的历史功绩是不能抹杀和忽视的。西方文化思潮不仅对资本主义从萌芽状态走向繁荣发展起到了理论上的激励作用，而且也对其他社会形态的形成和发展起到了一定的借鉴作用。它既对学生解放思想、开拓事业、吸收人类文化遗产和人类文明有积极的影响；又对于学生正确地认识自己、认识社会、认识人类、认识今后面临的任务等方面有益处；对学生思想成熟也会有一定的帮助。但是西方文化思潮对校园文化的消极影响也是不容忽视的。这些消极影响来自个人主义、实用主义、非道德主义、悲观主义、享乐主义等。因此，我们不应当简单地去阻碍西方文化进入，而是要审慎地区别良莠，决定弃取，以西方文化中的有益部分作为校园文化的营养，同时抛弃那些有害的部分。当然，这是一项复杂、艰巨但又极端重要的历史任务。

　　其次是网络文化对校园文化的影响。当前人类社会已经进入了网络时代。无论人们重视还是漠视，网络正在或者将要改变每个人的生活和观念，这已经成为一个不争的事实。网络给人类带来的重大变化，也不断地给校园文化带来正反两个方面的影响。具体表现在：①网络在向广大学生传播丰富的知识的同时，也会使青年学生陷入信息的汪洋大海而找不到自己需要的信息，汲取不到对自己有用的知识，在爆炸的知识面前，作为个体的人不得不在获取知识方式上采取"快餐模式"，而这一点又将导致青年学生的"知识匮乏"；②网络技术可以增强学生的聪明才智，但人们一旦淹没在虚拟的环境中，可能会导致思维特别是抽象思维和想象能力的退化，进而导致智力的退化；③网络技术缩短了人与人之间的时空距离，但另一方面，网络交往剥夺了人们直接交往的机会，拉大了人们之间的心理距离，造成人与自然的疏离、人与人的隔阂；④网络给学生带来了新的观念、解决问题的新视角，但它同时也可能会提供给学生一些伪科学和腐朽的价值观，这对于涉世不深的学生来说，无疑是个严峻的考验。

二、高校校园文化建设面临的挑战

　　当今世界正在发生深刻的变化，我国的现代化建设正在迅速向前发展。随着改革的进一步深化，一些新的社会冲突和矛盾不断出现。同时，随着开放力度的加大，国外先进科学技术、管理科学的引入，一些腐朽的思想文化也悄然进入我国，各种社会文化思潮也不断涌入校园。尤其是现代社会文化传播的开放性以及快捷性，对校园文化阵地的安全性、稳定性、方向性带来了极大冲击和挑战。

（一）多元文化对主流文化的挑战

　　计划经济条件下的校园文化长期以来以单一的主流文化价值观从正面对学生进行灌输，校园文化阵地形式也比较单一，从体制上阻碍非主流文化的渗入。

这种阻碍与校园文化发展所需的包容性、创新性背道而驰，使校园文化的发展受到制约。而与社会主义市场经济相适应的现代校园文化的发展，需要多元文化的渗入。

近几年，我国高等教育事业改革的步伐不断加快，高校的合并和扩招成为全社会关注的一个热点，随之而来的是大学校区相对封闭的格局被打破，许多高校都拥有两个甚至两个以上的校区。校园文化是在长期的实践中积淀、凝聚、发展而成的，具有一定的历史继承性。它对学校的发展的影响是全方位的，但又是隐性的。它总是以一种潜在的、自然的方式影响着人的思想和行为。文化的认同会给人一种精神寄托和情感归属，是形成统一的办学思想和办学目标的前提。由于合并之前各成员学校都有自己的办学历史和独特的历史传统，对任何学校而言，要放弃长期形成的校园文化都是困难的。因此，很难在短时间内由一种文化取代其他文化。这就决定了高校在合并后会出现多种文化之间的矛盾与冲突。在这种格局下，高校校园文化将面临传承老文化、整合跨文化和构建新文化的挑战。

只有开放的校园文化阵地才可能永远走在时代的前列，才可能具有长久的生命力，得以延续和发展。但伴随文化开放而来的腐朽文化和消极文化也对校园文化阵地影响颇大，对校园主流文化产生冲击和侵蚀，也腐蚀着师生的思想和灵魂，并对校园文化阵地建设的科学性和规范性提出了挑战。

（二）网络应用对传统宣传手段的挑战

传统的校园文化来源主要是教材、图书资料和报纸杂志及长期以来的思维方式、行为习惯。文化传播具有一定的滞后性，学校可以根据其是否符合社会主义办学的目的和方向、是否属于先进文化范畴加以取舍，然后再有选择性地对师生开放。因此，学校对校园文化的社会主义方向是能及时加以控制和把握的。然而，互联网在校园内的广泛使用，使文化的传播方式不再是单方向的灌输传播，而是立体传播。来自不同国家、不同价值观念的声音都在这里汇聚、碰撞，每时每刻都飞速地传播着各类文化。在这些文化中既有对社会主义拥护的声音，也有否认社会主义的声音；既有先进文化的传播，也有腐朽文化的侵入。在这一立体的文化阵地中，作为校园文化主导力量的学校很难在网络技术上、在文化规范方面及时加以控制，这就对校园网络中文化传播的社会主义方向的把握提出了挑战。

当代大学生处在一个充满生机与活力的大变革时代。墨守成规、经久不变的事物往往被青年所抛弃。而大多传统的校园文化阵地由于本身的建设缺乏新意，内容单一，形式单调，师生的参与度低等原因而无人问津。如板报墙只是粉笔字写得好的学生的展示墙，标语口号叫得最响却脱离学生的生活实际，内容千篇一律，都是学校统一要求的内容，缺乏创新和与众不同的表达形式，也越来越被广大青年学生所忽视。曾经火爆一时，吸引广大青年学生积极参与人际交往的校园舞会也渐受冷落。然而实际上，这些传统的校园文化阵地依然是传播先进文化的重要阵地，但如何发挥其有效的传播作用，对进一步加强其建设提出了挑战。

网络文学的兴起也对高校校园文化形成了不小的挑战。随着大众审美文化的崛起、兴盛，高雅文化遭遇了前所未有的挑战。不少学生对社会上的流行文化如数家珍，却对经典的、高雅的文化知之甚少。拿校园文学写作来看，20多岁大学生的文学创作在很大意义上取决于一种青春激情，体现出强烈的求知欲和表现自我的勇气，但由于人生阅历浅、社会经验缺乏，他们对世界和生活难以有独到的把握和体会。校园文学作品多以"爱情"和"乡愁"为主题，写得婉约、柔美、虔诚，这与他们远离家乡和亲人有关，但不少作品明显受流行艺术特别是流行歌曲、言情小说的影响，充斥着"为赋新词强说愁"的矫揉造作和无病呻吟。如今，网络写作又逐渐成为校园文学的一种时尚，不少学生在网络这个虚拟空间抒发自己的情感，但由于网络写作具有随意性和娱乐性，所以作品大多具有文字游戏意味，很难做到深度思考。高校校园文化面临着庸俗低下、颓废的文化侵入校园的挑战。

在信息化浪潮的推动下，上网已经成为大学生的生活方式和校园时尚。网络文化信息的开放性、资源的共享性、环境的无序性使传统的文化受到严重的威胁和挑战。主要表现在以下两个方面：一是网络文化影响了校园文化主体的生活方式。网络在为校园文化主体提供新型的学习方式的同时，也使得相当一部分学生沉溺于网络世界，荒废了学业，甚至还有学生对参加其他集体活动不感兴趣，这就冲淡了校园文化的主题教育意义。二是传统的校园文化内容受到网络文化的强烈冲击。由于网络信息基本无法得到有效过滤，各种社会思潮、不同的政治见解往往在网上激烈交锋，一些消极信息和不良语言也会在网上畅通无阻，造成了严重的信息污染。

三、高校校园文化建设的经验

自新中国成立以来，高校校园文化建设走过了一条曲折的道路。改革开放以后，中国高等教育发展进入了一个新的历史时期。经过数年的拨乱反正和思想观念调整后，以1985年《中共中央关于教育体制改革的决定》颁发为标志，中国大学开始了又一次重要的转型发展，即以欧美高教模式为主，参照世界各国大学发展经验，走上自主探索建设中国特色社会主义高等教育模式的道路。中国高校校园文化建设得到一次飞跃发展的机会。国家恢复高考制度，冲出困惑和迷茫的青年从四面八方汇聚到学校，学校数量增加，高校校内人数也剧增。在这种情形下，北京大学率先提出了"振兴校园文化"的口号。一时间，高校内各种形式的社团、协会、沙龙等学生组织纷纷出现。在全国范围内，高校校园文化活动出现了一个新高潮。

在新的社会历史发展时期，旧的教育体制已经不能适应社会发展对教育提出的要求。思想观念解放后，教育界对教育的本质、功能和作用的讨论和研究使人们重新认识了高等教育的价值。高等教育的生产力属性和满足人身心发展的功能受到重视。以教育思想观念的变革为先导，中国大学开始融入社会改革发展的潮流，开始放眼世界，对世界各国先进大学的发展经验进行研究和学习，从而探寻合适的自我发展道路。

在对世界各国先进大学发展经验研究的过程中，欧美大学成为主要对象。这是因为 20 世纪欧美各国，特别是美国的高等教育对社会发展产生了巨大的推动作用，使其成为全球瞩目的焦点。另外，高等教育国际化的发展趋势使中国大学与国际接轨成为必然趋势。借鉴和学习世界上比较先进的大学教育模式也成为中国大学发展的一种必然选择。在经历了全面学习苏联以及由此带来的经验教训之后，在新的转型期，中国对欧美大学制度的学习和借鉴已经变得非常理性，改变了以某一国的大学模式为主要参照的做法，学习的对象扩大为欧美甚至是世界各国的大学；同时，在具体行动上，结合中国具体国情，高等教育的各项改革稳步推进。此外，注重对高等教育本身的研究，增强了对大学转型的理论指导，使得高等教育研究尤其是高等教育比较研究空前兴盛。

进入 20 世纪 90 年代，随着社会主义市场经济建设步伐的加快，特别是 1992 年第四次全国高等教育工作会议之后，中国高等教育体制改革开始全面推进，教育体制发生了一些变化。主要体现在：第一，宏观制度层面，确立了市场经济体制下高等教育大众化发展方向，大学教育规模空前扩大；办学体制由计划经济体制下的国家包揽办学转向市场经济体制下的多样化办学；管理体制由集权管理转向高校自主权的增强；投资体制由依靠政府拨款转向各级政府财政拨款为主，其他社会团体、个人等多渠道筹资。第二，微观制度层面，大学内部人事制度改革、分配制度改革、院系调整、课程调整、教学改革、后勤改革等都在持续深入进行中。第三，精神文化方面，确立了大学全面实施素质教育的办学理念，大学的课程观、教学观、质量观、人才观等都发生了巨大变化。

这是一次全方位的大学转型过程，其内容包括了高等教育的主要领域及各个方面，其主要发展方向是从计划经济体制下的精英模式走向市场经济体制下的大众模式。与之前的转型相比，其自主探索能力和理性选择能力得到显著增强。

四、高校校园文化建设存在的问题

（一）忽视校园制度文化和精神文明建设

如果将校园文化分为物质、制度和精神三个方面，那么这三个方面是一个统一的整体，相互作用，相互促进，缺一不可。校园物质文化是校园文化的物质载体，它是整个校园文化的外在标志，其核心内涵是校园文化中的精神文化因素。校园物质文化建设的目的应该是使它成为承担精神文化的载体，建设物质文化不是目的，而是手段。但是，高校校园文化建设的现状中有背离了这一宗旨的情况，有的高校甚至把校园文化建设等同于丰富学生的业余生活，一味地强调发展娱乐文化，并在评价校园文化建设的成就时，对单纯的物质文化建设津津乐道。离开了校园精神文明建设，只进行单纯的物质文化建设，校园文化建设就失去了意义。

精神文明建设隐含在物质文化建设中，它是校园文化建设中根本性的组成部分，它是校园文化存在的价值意义和职能作用的主要组成部分，是校园文化建设的根本目的。忽视精神文明建设，校园文化建设就只能流于形式。这种忽视精神文明建设使校园文化建设流于形式的行为在许多高校普遍存在，是高校校园文化建设中最突出的问题。

（二）局限在学生管理和思想教育的层次上

校园文化是学校教育的必然产物，是一种特定的文化环境，在培养人才的过程中具有示范导向与凝聚、扬弃与创造、约束与熏陶、平衡与协调等多方面的教育功能。而目前，有些高校把校园文化建设附属于学生管理部门，着重强调控制功能、导向功能、凝聚功能、激励功能以及改善生活、学习条件的物质功能，只把校园文化建设看作教育教学活动的管理方法和管理手段。有的高校把校园文化建设等同于对学生的思想政治教育或者等同于学生业余活动的开展，从而使校园文化建设局限在学生管理和思想政治教育的层次上，并没有把校园文化建设放在整体办学方向和培养目标的大背景下来操作和实施。把校园文化建设与学校的专业设置、师资配备、课程开设等割裂开来，极大地限制了校园文化功能的发挥。这实质上是对校园文化没有全面、正确认识的表现。这种把校园文化局限在学生管理与思想政治教育层次上的校园文化建设，目前在许多高校还普遍存在。

（三）高校校园文化活动冷热失衡

在校园文化建设中，不少高校出现冷热不均的现象：①程式化热，创作创新冷。近几年来，反复出现在校园里的一些文化艺术活动，形式多样但缺少必要的创新，内容丰富却缺乏见解独到的创作。②追求共性热，挖掘个性冷。从高校校园文化活动涉足的领域来看，人文社科类较多，科学技术、专业知识类较少；从学生素质培养来看，多数活动侧重能力、情趣、爱好的培养，缺少对大学生个性的挖掘。③竞赛热，合作协调冷。竞赛对大学生竞争力的培养及热情的激发确有一定的作用，但过多地强调竞争会使大学生因争强好胜心理而减少了群体生活中人与人之间本该拥有的和谐与默契。新时代需要与之相适应的新型竞争关系，大学生要敢于竞争、擅长竞争，还要善意的竞争，即在合作中竞争，在竞争中实现双赢。④举办过程热，效果检测冷。效率、效益是活动的生命线。不少高校各个层面的活动有很多，但活动后期总结评估不及时，大多数活动仅停留在表面的风风火火，没有按照活动的宗旨和目标及时检测、总结、调整和升华。⑤一言堂热，对话冷。大多活动界限分明，观众在台下，演员在台上，你演你的，我看我的，台上台下总有一条不可逾越的鸿沟，缺少交流和沟通。⑥官方组织热，民间自发冷。许多活动采用的都是自上而下的组织形式，一方面群体是在不平等的心理气氛下服从或被动地参与，缺少主观能动性；另一方面官方组织活动精力有限，时间久了不免落入一种固定模式，缺乏创意。

（四）少数人受益的精英型教育

校园文化是群体文化，因此只有坚持大众化，才能实现共群体性，才能真正体现校园文化的价值。但是不少学校校园文化建设的结果却是"少数人受益"，体现在以下几方面：①在建设校园文化过程中，以"选拔性"为出发点而不是以面向广大学生的"普及性"为出发点，以"观赏性"为出发点而非以"实效性"为出发点。②在建设校园文化过程中，注重短期效益，不注重长期效益，往往以"临时性"代替"常规性"，注重突击性，没有设立一些基础性的活动，学生的参与面不广，活动的时间不长。③校园文化的内容、结构相对单一。目前的状况是各高校都比较集中搞文体活动，特别是社会上流行的通俗大众文化活动，如歌唱比赛、歌曲填词大赛、服饰仪表比赛等，其他方面则相对欠缺。④校园文化活动未能调动广大学生的积极性，要变"校园文化是学生干部的文化"为"校园文化是广大学生的文化"。校园文化活动常常过分集中在一部分学生干部身上，特别是过分集中在学生会、团委的学生干部身上，出现"忙死一部分学生干部，闲死大部分同学"的现象。

第二节　高校校园文化建设的基本要求

一、高校校园文化建设需注意的问题

近年来，高校校园文化建设蓬勃开展，成果丰硕，成为文化传承创新的重要力量，但是与时代发展要求、师生需要和社会期待相比，还存在着较大差距，有些问题亟须引起重视。

（一）改变校园文化建设与管理方式

校园文化是反映一个学校精神风貌的重要窗口，是检验学校建设和发展成就的重要指标，是社会主义先进文化的重要组成部分，因此，校园文化建设在学校整体事业发展布局中显得尤为重要，绝不是可有可无的。然而，相当长一段时期以来，受"教学是学校中心工作，其他一切都要围绕这个中心工作来开展"的传统观念影响，一些高校将校园文化建设仅仅当作"锦上添花"的事，片面地认为：有，可以增添"锦"的华丽；没有，也不会改变"锦"的质地，从而对校园文化建设形成了有意或无意的轻视甚至忽视。这表现在校园文化建设理解及管理上，就是简单粗放。所谓简单，主要是观念上的认识，没有深刻认识到校园文化建设在学校整个发展布局中的重要地位与作用；所谓粗放，主要是管理上的做法，没有从学校发展全局层面制定校园文化发展规划及管理制度，也没有依据文化发展规律来建设管理校园文化。

随着人们对高校职能认识的深入，文化传承创新同人才培养、科学研究、服务社会一样，成为现代大学的一项核心功能，得到了高校的普遍重视。校园文化建设是实现文化传承创新的重要基础，没有良好的校园文化建设，就不会有文化的传承，更不会有文化的创新，而要建设良好的校园文化，就要在观念上、管理上进行革新。

具体来说，就是要树立起科学化、精致化的校园文化建设与管理思维观念，把校园文化建设作为高校整体发展建设中的重要一环，甚至是决定性的一环。所谓科学化，就是不仅要科学认识校园文化在推动高校发展、培养合格人才过程中发挥的重要作用，也要科学认识校园文化建设自身发展的内在规律，按照文化建设规律来建设校园文化。所谓精致化，就是要摈弃简单粗放的校园文化建设管理模式，将校园文化建设落实在师生日常的学习、工作与生活中，从细处落笔，从小处着手，注重在"融入"上下功夫，发挥校园文化"润物无声"的熏陶作用，让校园文化建设成为师生践行社会主义核心价值观的重要抓手与载体，让师生乐于参与、乐于接受。

（二）打破各自为政的分散建设模式

当前，校园文化建设主要以"校"为单位与边际，校内又主要以"院系"为单位与边际，总体上形成"星散状"建设模式。这种模式犹如天空中的群星，固然能体现高校自身的办学传统并发挥其优势特色，建设具有本校特点的校园文化，但是其局限性也是显而易见的。

主要表现在两个层面：一是从全国范围来看，各高校独立办学导致高校校园文化建设没有形成有效的联盟，校园文化建设的协同效应和声势效应难以体现出来。长期以来，各高校的校园文化建设坚守着自己的"一亩三分地"，各自为政，导致高校校园文化建设的普遍性特征难以体现出来，全国高校校园文化建设的协同效应及集成优势难以达成，同类性质的高校（师范类、理工类、艺术类、医药类、综合类）很难彼此借力，发挥各自的资源优势，将高校校园文化做大做强。二是从高校自身来看，也存在着类似的问题。学院之间、院系之间、班级之间，甚至专业之间，在校园文化建设方面单打独斗，重视竞争，忽视合作，或过于强调自己的院系特点和专业特色，宁可淡化文化建设，也不"越雷池一步"，导致院系的文化建设搞不好，学校整体校园文化建设也上不了档次。

随着高校校园文化建设的加强，上述两种局面有了很大改观，比如在第一个层面上，教育部推出了一系列措施，包括在全国范围内推广建设易班网，重点打造中国大学生在线、中国青年网、未来网。这些举措，一方面打通了高校校园文化建设各自为政的平台局限，另一方面融合了各高校值得推广和借鉴的校园文化建设成果及经验，有利于高校间的相互借鉴与提高，也为高校建立组团式、联盟式校园文化建设新格局提供了可能。至于在高校内部，随着高校学生社团的大量涌现，高校专题网站特别是代表学校发展形象的门户网站的建设完善，以及学生工作处、团委、学生会、网络文化建设部门等发起组织的全校性活动，逐渐打破了高校内部院系之间、专业之间的壁垒，校园文化建设合力不断增强。

特别值得一提的是，有组织的跨校性文化活动日益增多，比如 2017 年 11 月，中南大学刑事司法学院志愿者协会携手武汉工程大学艺术学院志愿者协会，在武汉工程大学图书馆前共同举办为期三天的"回眸历史，不忘初心"大型跨校文化展，吸引了武汉工程大学的学生和众多教职工前来观看。

（三）破除校内各类媒体壁垒

校园文化建设离不开校内媒体的宣传，从某种程度上说，在信息社会，媒体能够起到决定性作用。从媒体形态来看，高校同社会一样，"麻雀虽小，五脏俱全"，拥有各种不同形态的媒体，传统媒体如报纸、电视台、广播电台，一个都不少。自从互联网接入中国后，高校凭借高层次人才汇聚和智力优势，抢占了网络先机，纷纷建设起自己的校园网及校属网站。同时，在新媒体浪潮中，又不失时机地开通了微信、微博，有的还开发建设了移动客户端。可以说，在信息传播载体方面，高校占了先机，将自己"全副武装"了起来。但是，在实际工作中，为数众多的校内媒体往往形成"诸侯割据""占山为王"或"争霸混战"的局面，彼此之间壁垒森严。传统媒体打着"权威""公信"的旗号，看不起网络媒体的碎片化、随意化；网络媒体标榜"快捷"交互，轻视传统媒体的闭锁、老态。不同类型的媒体在信息传播时容易"各吹各的号，各唱各的调"，看起来热热闹闹，实际上是各自为政。有的校内媒体为争夺"粉丝"，不惜互相攻击、拆台，极大地削弱了校园媒体在信息传播方面的整体宣传合力。

其实，从信息传播载体角度看，无论是传统媒体、网络媒体，还是移动新媒体，不同的媒体都有其存在的价值与理由，也有着自身的特色与优势。打破校园媒体之间的壁垒，促进媒体融合，建设校园融媒体平台，是破局之道，也是必然之举。校园融媒体可以促进不同媒体的功能互补。各高校应致力于打造立体式宣传平台，充分发挥校园文化建设宣传合力，让社会主义核心价值观通过校园立体宣传平台，源源不断地传播给师生，让师生在耳濡目染中受到熏陶，受到感染，进而内化于心，外化于行。

二、高校校园文化建设的基本要求

校园文化作为高校育人的重要载体，有其独特的功能。在建设中要把握以下几方面的要求。

（一）坚持校园文化的科学性

一切社会主义新文化都以科学性为其精神内核，高校校园文化同样如此。科学性意味着实事求是和坚持真理，旨在唤起师生献身科学的意识和勇气，培养扎实的技术创新能力和科学研究能力，接受新科技革命的挑战，在质疑和批判中真正站到科学的前沿。校园文化不能搞虚伪的花架子，不能哗众取宠，欺上瞒下；更不能带有宗教神学、虚无主义之类伪科学的色彩，不能毒害心灵，传播谬论。一切校园文化活动的设计、组织和实施，都应坚持从实际出发，实事求是，符合社会的发展规律，符合青年学生健康成长的需要；在坚持科学性的活动中，培养师生的科学精神。

（二）强化校园文化的教育性

校园文化这个"播种的园地"，需要我们辛勤耕耘，以保证校园文化建设多一些引导，少一些盲目；多一些严谨，少一些随意；多一些积极，少一些消极；多一些高尚，少一些庸俗。校园文化应既丰富多彩，又健康文明，真正做到"以高尚的精神塑造人"。仅就学生课外活动来讲，这类活动的特点可概括为"三多一大"，即内容多、形式多、人数多、影响大。

因此，在充分体现学生自理、自立和自律精神的基础上，学校应当给予必要的引导。如对学生业余党校、邓小平理论研究会、学马列小组等，学校党团组织应给予高度重视和大力支持，有条件的应亲自参加、亲自讲课，以保证质量，提高档次。对学生社团组织的一些文学、艺术类活动，应当聘请有特长的教师或专家进行指导，保证其健康发展。

总之，要使大学生通过参加活动，振奋精神，完善道德，增长本领，提高素质。在当前，加强校园文化的教育性，要特别注意加强集体主义价值观的引导，加强爱国主义等优良传统教育，切不可低估和忽视那些消极颓废的东西对校园文化带来的负面影响。

（三）突出校园文化的知识性

校园文化有别于其他文化，如企业文化、商业文化等，显著区别之一就在于其知识性。校园文化的知识性主要体现于学校浓厚的学习与学术气氛之中。校园文化建设通过尊重知识、尊重人才、重视教学、激励科研、严格考核、奖惩分明等形式来营造学知识、用知识、重知识的特定环境氛围。高校中应增强学术气氛，除教学、科研活动之外，应经常举办学术讲座，以开阔学生视野，扩大其知识面。学生社团组织的一些课外活动也应突出知识性，多开展一些科技、文化知识等方面竞赛活动，表现出高等学校的文化特点。

（四）注重校园文化的创新性

校园文化的创新性应体现在学校教学、科研、管理等各项工作和活动中。培养适合社会需要的具有开拓创新精神的人才是时代的要求。高校不但要传授给学生适应现代社会所需要的知识，而且还必须培养学生的创新思维和创新能力，实现教育与社会需要的顺利接轨，找到理论与实践的结合点。

（五）坚持校园文化的群众性

搞好校园文化建设，使其对高等教育担负起载体作用，既需要领导者的重视、各部门的支持和配合，更需要广大师生的热情参与。离开了群众，校园文化建设就成为无根之木、无源之水，不会长久和繁荣，其作用也会大大降低。因此，在校园文化建设中既要发挥骨干的作用，搞好高层次、高品位的活动，也要兼顾不同层次、不同类型人才的需要，使大多数师生成为校园文化建设的主体。

（六）秉持校园文化的先进性

大学引领着社会文明的方向，为社会发展提供着动力。大学在现代社会发挥着更加突出的作用，在一定程度上说，一个国家的现代化发展水平取决于这个国家高等教育的发展状况。中国近代教育家竺可桢说，"大学是社会之光""大学犹如海上的灯塔"。大学的功能和地位决定了高校校园文化的品质与特性。在整个社会主义文化建设过程中，高校应当成为传播、弘扬和创新先进文化的重要示范基地，发挥对社会文化的引领和辐射作用。

高校是一个特殊的文化领域，是各种先进文化创新和发展的重要领地，它承担着传播科学思想、先进文化和培养人才的重要职责。面向未来创造符合时代潮流的新文化始终是高等学校的内在要求。新时期，高校要站在时代的制高点上继承和吸收古今中外各种优秀的文化成果，促进中国特色社会主义文化的繁荣，从而成为先进文化创新与发展的示范基地。

1. 高校应该是创新和发展先进文化的示范基地

高校校园文化在发展过程中既注重吸收社会文化的积极因素，又对社会文化进行总结和升华，不断超越社会文化的表面化和浅薄性，克服社会文化的浮躁性和功利性，从而保持着自身独特的文化品格和个性精神。这样，一方面，高校校园文化抵制和批判了各种落后文化的侵蚀；另一方面，高校校园文化又在批判中实现文化的创新与超越，从而建构出符合时代实践要求的、科学的、民族的和大众的先进文化形态。也只有这样，高校校园才可以成为先进文化建设的示范基地，以其独有的文化观念、思维方式、行为方式影响着社会文化的发展趋势，引领着时代发展的新潮流，为社会发展提供宝贵的精神资源。在中国大学百年发展史上，很多高校之所以在先进文化的创新和发展上做出了杰出贡献，就在于他们成功地实现了对社会文化的批判和超越。

2. 高校应该是传播和弘扬先进文化的示范基地

首先，高校校园应该成为先进文化传播和弘扬的重要阵地。高校在传播和弘扬先进文化方面应该担负起重要职责，发挥引领社会文化前进方向的作用。今天，随着改革开放的不断深入，人们的思想观念日益复杂化、多样化。一方面，各种反映时代潮流的先进思想和行为不断涌现；另一方面，各种落后腐朽的价值追求也沉渣泛起，各种形式的享乐主义、拜金主义和极端个人主义成为一些人的生活信条。这些极端功利化、世俗化、庸俗化的文化意识不断腐蚀着社会环境，影响着先进文化的传播和弘扬。在这种情况下，高校只有保持自己的独立性和超越性，才能科学地批判现实生活中各种腐朽落后的思想文化，才能成为先进文化传播和弘扬的重要阵地，不断给广大学生提供符合时代方向的精神食粮。

其次，以大学讲台为主渠道充分发挥教师在传播先进文化中的主导性作用。学校的讲台就是文化传播与弘扬的最好舞台，广大教师是传播先进文化的主导者，在传播先进文化上发挥着重要的作用。教师对先进文化的态度直接影响着广大学生的思想倾向，教师对先进文化的理解程度直接影响着广大学生的接受程度。

因此，教师必须认清自己的神圣使命，自觉地认识到传播先进思想文化的重要性，将自己的研究心得通过课堂教学传授给广大学生，使学生直接得到先进思想文化的熏陶和启示。同时，在传播先进文化的方法上进行必要的改革与创新，克服过去那种单纯灌输式、填鸭式和封闭式的教育形式，增强教师和学生之间的双向互动性，从而提高先进文化传播的效果。这样，一方面，教师在传播先进文化过程中的作用不断提高；另一方面，学生在接受先进文化过程中的积极性和主动性也相应提高，自觉增强对先进文化的理解和认同，不断用先进文化来武装自己，成为先进文化的实践者。

最后，以各种文化讲座为载体传播和弘扬先进文化。开展各种层次的文化讲座是丰富校园文化的重要形式，也是传播先进文化的重要载体。高校可以经常举办中国特色社会主义理论教育、国情教育、形势和政策教育活动，使学生在各种文化思潮的冲击中保持正确的方向；可以经常进行哲学、文化、艺术、经济、法学和现代科技等方面的综合教育，拓宽学生的知识视野，提高他们的思想文化素质、艺术表演和欣赏能力、实践创新和组织管理能力;可以加强民族传统文化的教育,积极弘扬和继承优秀的民族传统文化;也可以弘扬具有时代气息的先进文化精髓,宣传反映时代精神的先进典型人物与事例,不断提高学生文化心理的需要层次;还可以举办针对各种社会热点问题的文化研讨会议,通过大家的共同交流,辨别是非,使先进文化得到弘扬,使落后文化得到抵制和批判,促进学生思想的不断成熟。

目前,高校校园里的文化讲座形式多样,丰富多彩,极大地深化了校园文化的内涵,活跃了校园的文化气氛,这些文化知识讲座已经成为传播和弘扬先进文化的重要载体和渠道,发挥着用先进文化引导人、教育人的积极作用。

3. 高校应该是塑造人和教育人的文化示范基地

高校是先进文化创造、传播的重要领地,也应当在用先进文化教育人、塑造人等方面发挥示范作用,为先进文化的实践探索成功的方法,积累成功的经验。

首先,高校要用先进文化来教育学生。先进文化是富有生命力的文化形态,体现了时代发展的要求,代表了社会发展的前进方向。先进文化的价值和意义最终体现为塑造和培育出具有先进文化精神气质的社会主义建设者和接班人。但是,先进文化的社会意义并不是自发实现的,它并不天然地为人们所接受,并成为人们思想和行动的准则。

因此,如何创造性地将先进文化落实到每个社会成员的心中,转化为人们行为的精神动力,这是需要进行探索和研究的。在这方面,高校要走在社会的前列,不断积累经验,探索出科学的方法和路径。在开展各种文化教育实践中,高校要带头用先进文化教育学生、武装学生,提高先进文化实践的成效,并为社会主义文化建设提供示范作用。

实践证明,先进文化只有真正走进大学生的心灵深处,内化为广大学生的心理基因,才能发挥先进文化教育人、引导人、鼓舞人、激励人的作用,才能促进广大学生自觉地以先进文化为思想和行动的指南。只有这样,高校才能培养出具有先进文化精神品质的合格人才,才能促进学生自觉地按照先进文化的价值观念和思维方式来规范自己的行为,不断为社会的发展和进步做出应有的贡献。

其次,高校要发挥好网络阵地教育人、引导人的作用。在新形势下,随着网络的逐渐普及,人们的思想观念、学习方式和生活方式产生了巨大的变化。当代大学生几乎是伴随着信息网络长大的,网络世界成为他们学习和生活的重要空间。但是,网络文化具有两面性。一方面,网络文化信息资源充足、传播迅速;另一方面，网络文化垃圾大量存在，网络中充斥着大量色情的、暴力的、迷信的、反动的文化内容。这些内容会对大学生的人生观、价值观和世界观产生巨大的冲击。

因此，在校园文化建设中，高校要加强网络文化的建设，不断拓展校园文化建设的渠道和空间，积极开展健康向上、丰富多彩的网络文化活动；要建设集思想性、知识性、趣味性和服务性于一体的校园网站，牢牢把握网络文化建设的主动权，使网络成为创造、传播和弘扬社会主义先进文化的重要阵地。

第三节　高校校园文化建设的作用与意义

一、高校校园文化建设是思想政治教育的重要途径

加强和改进大学生思想政治教育是一项极为紧迫的重要任务，高校要建设出体现社会主义特点、时代特征和学校特色的校园文化，形成优良的校风、教风和学风。

校园文化对学生的塑造是润物细无声的，独特而富含教育意义的校园文化对一个学生的影响长久而深远。进行思想政治教育视角下高校校园文化建设的研究，不仅是建设社会主义先进文化的需要，而且还是高校校园文化自身长远发展、完善的需要，是高校思想政治教育工作长期顺利开展、提高实效性的需要，更是培养中国特色社会主义事业合格建设者和可靠接班人的需要。在市场经济浪潮下，人们思想活动的独立性、选择性、多变性和差异性日益增强，一些大学生不同程度地存在着政治信仰迷茫、理想信念模糊、价值趋向扭曲、诚信意识淡漠、社会责任缺乏、艰苦奋斗精神淡化、团结协作观念较差、心理素质欠佳等问题。解决这些问题的途径不少，但加强高校校园文化建设，切实发挥校园文化的育人功能无疑是其中必不可少且最有效的途径之一。

因此，探讨校园文化的思想政治教育功能，从思想政治教育角度出发来建设高校校园文化是做好大学生思想政治教育工作的新途径、新方法。只有把思想政治教育根植于校园文化建设之中，利用校园文化创造良好的育人环境，才能更好地培养出一批批优秀的社会主义现代化建设人才。而校园文化建设的根本也就是为学校的育人目标服务。因此，从思想政治教育角度探讨高校校园文化建设对高校思想政治教育工作的开展具有深远意义，对于高校校园文化建设思路亦有重大启发。

高校校园文化活动之所以能够蓬勃发展，在于它能够贴近学生身心发展的需

要，在潜移默化中促进其成长成才，越来越多地发挥思想政治教育的功能。因此，加强思想政治教育视角下的高校校园文化建设，就要强化校园文化活动的吸引力和育人效果，为大学生的成长提供广阔的平台。

第一，通过活动调动学生的求知欲和交往欲望。优秀的校园文化活动具有激发功能和互动功能，能够在活动中调动学生的求知欲和交往欲望。比如，社团是根据学生的兴趣、爱好、特长及个性发展的不同要求组织起来的，丰富多彩的社团活动能够充分调动学生的积极性，强化其兴趣爱好，增强其自我提高的内在动力和求知探索的热情。而参与到社团的活动中就需要与人互动、交流，这就提高了他们的交往欲望，多次参与类似活动，他们的人际交往能力就能得到锻炼和提高，其求知欲和交往欲望就会不断增加，最终达到教育效果。因此，校园文化活动的吸引力和教育效果得以强化的第一步是通过各类校园文化活动的开展，使学生的求知欲和交往欲望能够得到增强。

第二，以活动为手段对学生的实践能力、动手能力进行强化。校园文化活动的基本要求就是要学生动起来，"动"才能强化其实践动手能力，也只有"动"才能检验这一活动的效果，使学生的实践动手能力得到提高，校园文化活动的育人目标才算得以实现。因此，强化学生的实践动手能力是衡量校园文化活动是否具有吸引力和是否能够强化育人效果的第二步。学校要充分发挥校园文化活动的实践功能，以各种类型的实践活动为手段，加深学生对课堂所学知识的认识，促使其将所学知识应用到实践中，将理论与实践相结合，从而提高其动手能力。从认知到实践，实现育人效果的强化。

第三，使学生在富有吸引力的活动中，调节心情、改善知识结构和提高自身素质。大学生参加校园文化活动的心理动因是复杂多样的：有的人为了增进交往、多交朋友而参加；有的人为了打发时间、调剂生活而参加；有的人为了增长见识、提高能力而参加；等等。上述众多原因中起主导作用的大致是通过活动舒缓心情和增进见识、提高自身修养、改善知识结构。因此，校园文化育人效果的第三步就是学校要通过富有吸引力的活动，调节学生心情，完善其知识结构并提高其素质。

第四，以活动为载体，把学校育人理念灌输到学生心中，化为学生的思想观念。校园文化活动是校园文化中最活跃的动态因素，是极为重要的建设形式和载体。校园精神不仅是在校园文化活动中诞生、升华出来的，而且还要依靠校园文化活动得以体现并发扬光大。因此，校园文化活动育人效果衡量的最高标准是高校能否将学校育人精神、理念蕴含在校园文化活动中，以活动为载体，将育人理念深入学生心中并化为学生的思想观念。

从校园文化与思想政治工作的关系可以看出，校园文化建设是思想政治工作与管理工作密切结合的最佳形式，是高校思想政治工作的有效途径和重要载体。校园文化使高校人文精神形象化并融入学生的实践活动，因为它的育人功能是不可替代的。校园文化把教书育人、管理育人、服务育人、环境育人四方面有效地统一起来，从而构建起大德育的格局，形成功能互补的全员育人环境。广大学生在优秀的校园文化氛围中，自觉不自觉地受其熏陶、影响和激励，并通过选择教育、自我教育的过程，逐步升华和完善自己。校园文化建设有利于促进高校学生社会化的进程。校园文化既注重高校学生人格的塑造，又为其个性的显现和发展提供了空间，使广大高校学生在接触社会、体验人生、增长才干的同时，加快了自身社会化的进程。

校园文化活动对思想政治教育的作用主要表现在它能通过积极健康、生动活泼、丰富多彩的活动，吸引更多人参加，直接影响人的思想和行为，使人们受到生动的形象教育，引导人们正确地认识客观世界，增长文化知识，启迪人的智慧，提高人们对社会的认识能力。一首歌曲、一次排练、一部电影、一篇小说，都会对学生产生不可低估的潜移默化的作用。校园文化活动的寓教于乐功能充分体现了无意识教育和形象教育的特点，弥补了传统思想政治教育空洞和生硬的缺陷，增强了其娱乐性、针对性和实践性。思想政治教育对文化活动的引导主要体现在它的指导思想是否沿着为人民服务、为社会服务的方向发展。另外，社会主义、共产主义的道德观念会激励高校学生去努力提高自己的文化艺术修养，增强对艺术的审美能力和对科学的认知能力。

二、高校校园文化建设是深入贯彻落实党的教育方针的客观要求

高等院校的校园文化建设的重要核心就是始终以马列主义、毛泽东思想、邓小平理论、"三个代表"重要思想、科学发展观和习近平新时代中国特色社会主义思想为指导，使学生能够明辨是非，从大处着眼，实现自身和社会的共同进步，并促使他们成为对社会和国家有用的"四有"新人。

校园文化建设是传播和落实教育方针的重要途径和最佳载体，良好的校园文化活动能够有效地突出教育方针中关于德育和美育等理念的传播，使广大师生在参与校园文化活动的过程中，潜移默化地接受良好的教育熏陶。可以说高校校园文化建设对当代中国大学生的道德品质、政治思想以及行为规范均会产生深远的

影响，大学生也需要通过校园文化来强大自身作为社会主义建设者和接班人的内在力量。

三、高校校园文化建设是推动社会主义文化发展的载体

我国高校的校园文化是社会文化中一个不可或缺的重要构件，引领着社会的发展，始终走在社会文化发展的最前端。高校校园文化肩负着创新和引领社会文化的双重任务。高校校园文化具有强大的凝聚力，充分研究高校校园文化建设的理论，大力宣传高校校园文化的精神与作用，能够使高校整体学术思想更为活跃，使全体师生紧紧地围绕在中国特色社会主义的共同理想之下，为高校的和谐发展和社会的建设做出自身的贡献。

高校校园文化还具有一定的引导作用，在校园文化的熏陶下，广大学生能够学习到先进的人类文化，能够形成坚毅的思想品质与良好的道德素养。高校校园文化的辐射作用以及社会影响力，还能够进一步扩大知识传播的范围，培养人才，能够对我国全面建设社会主义的伟大事业产生重要的影响。

大力发展高校校园文化能够为我国社会先进文化的进一步发展提供必要的支持与不竭的动力。多年来，我国的高校始终承载着创新文化的重要历史使命，高校校园文化的不断丰富也推动着我国社会文化的繁荣发展。科学思想的萌生需要校园文化的督促，因此，高校校园文化已经成了我国社会先进文化的重要源泉。

总之，在推动文化产业与文化事业的繁荣发展中，高校校园文化必须发挥自身的积极作用，通过自身的作用为社会文化的大发展构建重要的平台。而要想有力地推动社会主义文化的大发展，就必须要重视基础队伍的建设，要明确人才的关键作用。高校必须要在培养造就德才兼备、锐意创新、结构合理、规模宏大的文化人才队伍方面发挥基础性和先导性作用。

四、高校校园文化建设是提升学校文化品质和实力的重要途径

对于高校自身的发展来说，高校校园文化有着不可替代的重要促进作用。首先，高校校园文化是高校全体教职员工与大学生共同创造的精神财富与物质财富的集合，充分地彰显了高校的整体办学实力与水平。其次，高校校园文化能够为新时期高校的创新发展提供不竭的源泉与动力，特别是在当前高校教育规模与辐射范围日趋扩大、高校之间竞争更为激烈的背景下，校园文化也成了提升高校整

体形象的重要考察点。

从当前的形势来看，我国高校之间的竞争日趋多元化，与传统的科研设施、教学质量以及办学规模等相比，校园文化竞争产生的作用更大，效果也更好。充分地发展高校的校园文化，不仅可以使高校的科学文化传播成果更加稳固，也能进一步提升思想政治教育的质量，而且还可以促进高校教育模式的现代化发展，促进高校管理与教学水平的大幅度提高。另外，校园文化还可以强化高校办学理念，帮助高校打造出远近闻名的优秀教育品牌，并最终保障高校各项事业的健康及可持续发展。

五、高校校园文化建设是加强思想政治教育工作的必然要求

（一）高校校园文化建设是应对师生多元、多变、多样需求的现实要求

当前，在经济全球化浪潮下，各种思潮不断涌入大学校园，我国正处于改革的关键期、经济转型期和矛盾多发期，新媒体的快速覆盖与渗透，使得高校师生的思想观念、价值取向和行为方式呈现出多元、多变、多样的特点。第一，在多元文化交汇环境中，既有正面的交流与融合，也有负面的侵蚀与渗透，师生的思想观念和价值取向遭遇双重显性或隐性的影响。第二，随着新媒体的发展，师生接触思想文化信息更加便捷，文化选择更加广泛，思想观念的碎片化和个体差异性日益增强。第三，师生的主体意识增强，对精神文化生活的需求更加迫切，越来越多地通过各种渠道参与文化的创造和传播。在这些现实条件下，传统的思想政治教育常用的一些教育方式，如以灌输为主的理论教育活动就容易受冷落，这就需要推进校园文化建设，丰富社会实践、志愿活动、体育竞技等鲜活的校园文化形式，满足师生员工不断提高的文化需求。

（二）高校校园文化建设是思想政治工作的重要载体

思想政治工作的根本目的是培养"有理想、有道德、有文化、有纪律"的社会主义人才，这一点，与高校校园文化建设的目标是一致的。《中共中央、国务院关于进一步加强和改进大学生思想政治教育的意见》指出："加强和改进大学生思想政治教育的途径之一就是加强校园文化建设。"良好的校园文化可以陶冶学生的情操、启迪学生的心智，对于促进大学生道德思想的形成和发展具有重要作用。高校校园文化的各种表达方式，比如校训、教风、学风、优良传统、规章制度，以物化形式存在的学校建筑、校园景观、图书馆，以及校园广播电视、文

艺演出，学校官方微博、微信等，都直接或间接地将思想政治教育的重要内容融入其中。高校校园文化的价值就在于把具有灌输性特征的教育转化为内含教育意图的校园环境。

（三）高校校园文化建设是增强思想政治工作实效的要求

高校校园文化作为一种客观存在，具有渗透性强、影响持久、形象生动、直观易懂等特点，它把思想政治教育的内容分解到社会实践科技创新活动、人际交往等各个方面，使师生员工受到熏陶和教育。按照心理学的观点，人的态度和行为方式都存在类化的现象，即人们容易受到群体影响，与大家保持一致。

高校校园文化作为一种无形的环境，具有群体压力特征，其潜在的规范性支配着群体中每个成员的行为，师生员工的价值观、治学精神、处事态度等都会受到这种"文化磁力场"的影响，逐渐自觉去遵守并支持校园文化所主导的东西。这种无形的文化心理约束影响着师生员工的感情和行为，效果往往较传统的方式更好。此外，高校校园文化的覆盖面广，几乎可以覆盖到校园的每一个角落，这样使思想政治教育的影响范围进一步扩大，使其作用在大学校园最大范围内得以彰显。

六、高校校园文化建设对高素质人才培育具有重要作用

高校对人才的吸引力在很大程度上体现在高校的人文环境上，高校人文环境是整个校园文化的一个重要组成部分。一所高校人文环境的优劣直接关系学校吸引力的大小。随着人事管理制度的改革，高校教师的自由度和选择余地越来越大，哪里能提供更适合发展的人文环境，他们就会被哪里所吸引。如果在制度文化中能坚持做到管理与服务并重，使管理更加人性化，在一定程度上就能起到以感情留住人才的效果。现在高等教育的人才竞争趋于白热化，引进人才难，留住人才更难，在客观条件相似的情况下，以情留人，为其最大限度地提供服务就显得特别珍贵。让学者对学校产生认同感是最好的合作前提。同样，好的校园文化建设也大大影响着学生的选择。一所具有优秀校园环境的高校，在物质、人文、制度上都将成为吸引更多优秀学子前来学习的前提条件。高校校园文化应当坚持以教育为本、德育为先的方针，把正确的政治思想放在首要位置，培养更多优秀的高素质人才。

校园文化作为重要的环境因素，对于一名学生能否成长为一个高素质型人才起着至关重要的引导、熏陶和教化作用。优秀的高校校园文化可以对高校学生进

行思想引导、情感熏陶和意志磨炼，并通过各种活动营造出良好的文化氛围，从而真正起到培育人才的作用。

（一）优秀校园是优秀校园文化的承载体

先进、文明、高雅的校园文化是和谐校园的基础和前提。没有和谐的高校校园文化，就不可能形成相同的思想基础和价值观念。高校校园文化建设可以起到对内凝聚力量，对外扩大影响，增强学校综合实力和核心竞争力的作用。只有校园文化建设得出色，学校的综合实力才能得到完善和提高。

校园文化的魅力就在于它渗透于学校教育教学的各项活动之中，潜移默化，陶冶性情，育人无声，寓教于活动之中，具有非强制性、不干预性等特点。关于校园文化在高校育人中的作用，学者们有过较多的讨论。

有学者从大学校园文化的功能角度探讨了校园文化在高校人才培养中的重要作用。他们认为，大学校园文化具有教化、引导、凝聚、激励、约束和辐射等功能。良好的、催人向上的校园文化犹如"无声润物三春雨，有心护花二月风"，会使师生逐渐形成爱国爱民、追求真理、刻苦学习、积极进取的精神风貌，纯正优雅、宁静淡泊的情操，博大庄严、任重道远的使命感。高品位的校园文化不仅可以促进教学、科研及管理活动科学有序地开展，而且可以使每个校园人的精神世界得到升华，培养和激发师生员工的群体意识、集体精神和创新能力。

还有学者指出，校园文化在高校育人中具有导向作用、激励作用和品质优化作用。校园中互动的文化环境与精神氛围，蕴含着教育目的，深刻地影响着学生的个体发展，有助于培养学生高度的责任感、使命感和集体荣誉感。校园文化能够陶冶学生的情操，提高学生的素养，同时也为磨砺学生的意志品质提供了机会与舞台。高品位的校园文化培养了学生的坚韧性，增强了学生敢于面对磨难和失败的勇气，培养了学生良好的心理素质。

高校校园文化还是扩大学校影响力的重要手段之一。每一所高校的社会影响力都体现在其办学过程中产生的一系列办学理念以及人才培养、学术研究等对社会产生影响的程度上。这是高校生命力强弱的标志。一般来说，其社会影响力越大，该校发展的前景就越被人们看好。随着近年来我国高等教育规模的不断发展壮大，高校竞争中最大的竞争莫过于人才和生源的竞争。

那些社会影响力大的高校，往往能在招生中居优势地位。人文传统、办学历史、专业学术科研水平、不同专业设置、校园文化活动范围等都会影响高校的社会影响力。越来越多的高校意识到，高校校园文化建设的影响力是隐性的，而高校校园文化建设不是一蹴而就的，优秀的文化建设目标需要长期不断的努力才能达到。

（二）优秀校园文化是培育高素质人才的摇篮

高校是高素质人才成长的摇篮，校园文化作为重要的环境因素，对学生的发展起着至关重要的引导、熏陶和教化的作用，主要体现在三个方面。

1. 提升自信心

当前，各地高校面临生源不足、招生困难和生源素质下降的严峻形势，更可怕的是由此导致的部分师生对未来信心不足，缺乏进取精神，学习动力不强。加强校园文化建设，搭建师生自我表现、自我教育和自我服务的平台，能够让师生在亲身参与中认清形势，形成共同的价值追求，增强师生的归属感和对未来的信心，真正起到统一思想、汇聚力量、增强信心的特殊作用。有了凝聚力和自信心，就能激发出师生的责任感和紧迫感，使他们迸发出奋发向上的热情和力量。目前不少高校开展了以心理健康教育为主题的活动，通过专业心理教师对大学生进行心理疏导，帮助他们剖析原因，消除心理障碍，增强学生承受挫折、战胜自我的能力，培养学生良好的心理素质，使他们勇敢面对学业及未来就业压力，逐步提升他们的自信心。

2. 增强认同感

文化具有多样性和多元性，可以分为主流文化和亚文化。主流文化是积极的、健康的、向上的，符合学校未来的发展方向，代表绝大多数师生员工的现实利益和长远利益，如果被广大师生员工所接受，成为师生共享的价值判断，就能产生巨大的物质力量；亚文化是和主流文化对应而生的，与事物发展的客观规律相违背，和事业发展要求以及大多数人的利益相背离，强调个体的私利和短期效应，对事业发展和人的潜能激发十分不利。学校是人才的摇篮、育人的基地，育人的过程实质上是用文化影响和塑造人的灵魂的过程。育人的成效取决于学生的文化辨别力以及主流文化和亚文化交锋的结果。开展校园文化建设，可以培育和壮大主流文化，扩大其渗透力和影响力，使其成为师生员工共同的价值判断，不断巩固其在师生员工中的主导地位，最终使那些所谓的"亚文化"在校园中逐步消失。

3. 提高教育力

教育的最高境界是在潜移默化中育人。文化育人的基本过程也是潜移默化的。校园文化作为一种精神力量，它使人深受震撼、力量倍增，成为照亮人们心灵的火炬、引领人们前进的旗帜。优秀的校园文化能够发挥其独特的熏陶和感染作用，能帮助学生塑造完善的人格、养成良好的习惯、形成正确的价值观等，奠定他们人生的基础。优美的学校环境，干净整洁的餐厅，舒适的宿舍、公寓，便捷的学习条件，人性化的管理和服务，学校里的一草一木、一点一滴，都带有文化的气息，都在潜移默化地影响着学生；教师的一言一行、一举一动，都传递着文化的力量，塑造着学生的现在和未来。这就是文化的力量，也彰显了校园文化建设的必要性。

第三章 高校校园文化的基本形态

高校校园文化建设是高校党的思想建设的重要组成部分，对于学生、高校、社会的发展都发挥着重要的作用。高校校园文化主要包括校园物质文化、校园精神文化、校园制度文化三个方面。基于此，本章分为校园物质文化、校园制度文化、校园精神文化三部分。主要内容包括：高校校园物质文化的概念、高校校园物质文化的特点、高校校园物质文化的功能、高校校园物质文化建设的意义等方面。

第一节 校园物质文化

一、高校校园物质文化的概念

高校校园物质文化是高校文化的空间物质形态，是高校精神文化的物质载体。学校物质文化有两种主要表现形式：一是学校环境文化，包括学校的总体结构和布局、校园绿化和美化、具有教育意义的教育和教学场所等；二是设施文化，包括教学仪器、图书、实验设备、办公设备和后勤保障设施等。

高校校园物质文化是高校文化的有形部分。它是指高校内看得见、摸得着的物化的文化形态，是学校文化的"外壳"，奠定学校文化存在和发展的物质基础；同时，它又是高校文化"内核"的载体，体现着一定的价值目标、审美意向等，是富有教育内涵的人文环境。学校物质文化是学校内人的对象化活动的结果。一方面，人是物质文化的创造者、改造者，使自己所处的物质环境打上种种思想观念的烙印；另一方面，人又是物质文化的受用者，让自己在特定的物质环境中得到熏陶。因此，从某种意义上说，学校物质文化是学校成员智慧、力量、集体感的象征，可以使学生在不知不觉中自然而然地受到熏陶、启发，从而实现学校文化的育人功能。

具体来讲，高校物质文化主要是通过校园环境的创设而发挥它的育人效应的。

校园环境是大学生成长、发展的微观环境，也是学校教育、教学活动能够顺利开展的重要条件。所谓校园环境，就是指围绕在学校成员周围的一切事物的总和，也可以说是学校所有外界力量对大学生作用的总和。高校校园环境由学校物质环境和心理环境两部分构成。前者指能够使学校教育、教学活动得以顺利进行，或者得以深化和发展教育影响的外部条件，譬如学校地理位置、学校建筑、学校布局、学校绿化等；后者指为实现教育目标，完成学校管理职能，提高学校教育、教学管理工作效率的内部条件，包括个人心理环境和社会心理环境等。物理环境是高校文化的载体，也是心理环境发挥作用的基础；心理环境是学校文化的核心内容，是学校师生积淀于内心的观念形态的环境，是大学生个性化和社会化的培养基地。这两种环境之间相互作用，相互影响，从而构成一个完整的学校环境。我们在此论及的高校物质环境文化主要包括以下内容。

（一）高校地理环境

学校地理环境的优与劣，是学校物质环境好坏的一个重要方面。因此，在学校物质环境的诸因素中，校址的选择是一个重要的因素。古今中外的教育家都十分重视教育环境的选择。我国历代教育家都十分重视以自然山水陶冶弟子的情操，与此相应，形成了重视学校环境美的传统。在西方，欧洲古老的大学也十分重视学校地理位置的选择，这与中国大学的建设是相通的。近年来，随着我国各大城市的急速发展扩大，以往大学的所在位置有很多都发展成闹市区，这就不再适合大学生的成长。部分地方开始在城市周边建立大学城，这些大学城既可以让学生的生活远离城区的喧闹，又可以形成自己的发展空间，建造一个更适合大学生成长的物质文化空间。

在当代，在改革开放的现代社会，我们并不提倡营造一个封闭的、与世隔绝的"世外桃源"，但我们也不能允许社会上的污泥浊水在校园中肆意泛滥，这就更需要我们积极创设一个良好的育人环境，加强学校文化的建设，以确保人才培养的有效性。在此，学校周边环境的优化与净化，就成为一个重要的内容。

（二）高校校园内建设的规划和布局

在学校物质文化环境的建设中，学校选址固然是很重要的一环，但学校内部的统一规划和布局更为重要，这是建设良好的物质环境的重要步骤。学校内部规划和布局是一项系统工程，既要反映学校的整体风貌，又要考虑到教学生活的便利；既要有利于学校的统一管理，又要使各个部分相互协调，发挥其最大效用……而这一切又都必须体现出环境育人的宗旨。

因此，学校内部的规划和布局要遵循一定的规律，在总体设计上要符合"使用方便、流向合理、减少拥挤、避免干扰、节约时间、提高效率"的原则。具体来说，校园规划和布局要创造出治学严谨的学习环境、生动活泼的文化环境、清洁卫生的生活环境、幽静宜人的自然环境。

在进行学校建筑的设计时应体现以下原则：①尊重历史，重视文脉；②注意校园建筑的整体和谐；③风格朴实，功能合理。

（三）高校校园的绿化和净化

优美的校园环境能给人以美的享受。校园树木葱茏，花红叶绿，草坪如茵，整洁卫生，空气清新，舒适优雅，对于高校学生可以起到安定情绪、启迪思想、陶冶情操、净化心灵的作用。

校园绿化和园林景物布置是学校总体规划的重要组成部分，在设计总体规划布局时，就应该综合考虑，同时设计，同时施工。校园的美感不仅体现在建筑物上，同时也体现在景点、园林及绿化等方面。建筑物是否具有美感，与景点、园林、绿化的衬托密切相关，从而直接影响整个校园的美感。各类学校都有自己的特点，绿化、景观等应结合当地实际，反映本地区的特点。但基本要求是讲究协调平衡与变化多样的统一，还要讲究点、线、面的结合，点要幽雅，线要整齐，面要宽敞。

校园净化主要是指清除垃圾杂物，减轻噪声，做好环境卫生工作，使校园整齐、清洁、安静。

（四）高校校园中的人文景观

高校物质环境建设最根本的目的就是寓情于环境之中，寓教育于景物之中。在物质环境建设中固然要着眼于自然、物质，但在学校这一场所则要求必须赋予自然、物质以人文因素，亦即教育的期望和意图。特别要注意利用和创设一些校园人文景观，以强化学校文化的教育作用。这主要体现在充分利用学校已有的人文景观挖掘其独特的教育作用上。高校应积极创设学校人文景观，赋予其深刻的教育意义，巧借自然之物，达成教育之目的。

（五）高校文化传播设施

高校物质文化建设不仅要注重校园物质环境的改造和创新，而且还应重视各种文化设施的建立与健全。文化设施是任何文化建设都不可或缺的组成部分，是文化传播的物质载体。它对高校师生员工思想观念、行为的形成同样起着不可估量的作用。尤其是在信息传播迅速的今天，学生不仅在课堂上、从书本中接受对他们产生影响的教育信息，而且还在课堂以外的其他多种活动中、从各种传播媒介中接受到许多对他们具有教育意义的信息。高校文化传播设施既包括电视、广播、报纸、杂志等传媒工具，也包括图书馆、演讲厅等活动场所。

高校物质文化的内容非常广泛，并且各自具有不同的作用。优良的学校物质文化氛围，既是情感的升华剂，又是无形的约束力，对身在其中的大学生的身心健康发展产生着巨大的影响。

二、高校校园物质文化的特点

（一）传承性

在这个世界中，万事万物都有着千丝万缕的联系，都不是孤立存在的，在历史上是前后联系的，相互依存的。高校物质文化具有历史传承的特点，把当今文化同历史联系起来。在高校物质文化中，没有文化的传承就如同楼房没有基础。每一所高校在发展过程中都积淀了一定的物质文化传统，如富有个性的高校主楼就是在高校发展的过程中逐步更新改进、逐步适应学校发展的专属形式，是这所高校区别于其他高校的独特的标志，是每一个在这里就读的学生努力拼搏、开拓进取的精神源泉。高校进行物质文化建设，首先应该强化对已有的历史进行继承。我国的历史源远流长，但是对历史的传承却有不足之处，历史建筑的保护也有所欠缺，这样就使人们对"曾经"认识不足，从而缺乏一种归属感。其次，高校物质文化还要对已有的自然风貌进行传承，一草一木都是大自然留给高校人的瑰宝，是时刻警醒人们亲近自然、爱护自然的物质基础。高校师生员工要时刻牢记可持续发展的要义，时刻牢记人类文明与大自然息息相关。

（二）卓越性

校园建筑是科学文化的承载体，是教育的实践之地，是卓越人才的活动场所。当今的大学生，毋庸置疑地成为国家发展的中坚力量和各行各业的骨干精英，大学生也必然成为高校物质文化建设的主体。这就决定了高校物质文化的建设具有较高的文化层次，就决定了高校物质文化的建设要比其他的社会文化更具有卓越性。

而且，大学是知识和高科技融汇的场所，知识渊博的人在高校中运作操控社会的前沿文明，运用和掌握世界的先进文化，他们能够在高校物质文化的取舍和分辨等方面做出明智的选择，而不会随波逐流，而且这些文化创造的主体也会在这样一个区域不断地创造出引领时代的超凡脱俗的新的产物。因此，相比社会主流文化，高校物质文化的格调更高雅。

（三）多元性

高校是各类文化精华汇聚的场所，日新月异的建筑、设施，异地文化的冲突影响使得高校物质文化内容丰富、形式复杂多样。高校物质文化涉及的内容多、形式丰富、领域广泛。建设高校物质文化的主体是当代高知人群，他们观念更新快、思想活跃，他们视野开阔、思维敏捷、精力充沛。所以，高校物质文化的内容充实、形式多样、创新性很强。以高校主楼建设为例，世界各大院校的主楼设计风格多种多样，有些甚至出自同一设计师之手，虽然有些院校主楼的设计风格一致，但在细节之处能够找到体现高校特点的地方。

（四）承载性

高校物质文化的承载性主要是指高校在日常的教学科研生活中形成的一种本高校特有的文化氛围，这种文化氛围以校园物质文化为载体，通过高校物质文化向四面八方辐射，使身在其中的人受到感染和熏陶。由于高校的日常生活会使一些特定的区域、建筑、雕塑具有一些灵性，容易使人产生热爱学习、刻苦钻研、勇于拼搏等的精神，这些物质就形成了一种文化的代表，对文化就有了承载的意义，也就是承载性。

（五）地域性

高校物质文化会因为所处的自然社会环境不同而不同。高校作为文化的先锋，会充分地融入周围的环境中，根据周边的情况塑造自己。首先，人文文化是由于当地的客观条件而产生的，物质文化是人文文化的一部分，也应该顺应地方的风格。其次，高校物质文化是基于当地的社会环境和人的智慧产生的，带有当地的"血统"，每个地区都有其独特的风格。

三、高校校园物质文化的功能

（一）认同功能

校园物质文化可以让学生第一次进入校园时产生较好的第一印象，在感染学生的同时，让学生逐步认同学校的理念，产生归属感，引导学生形成先进文化理念和正确的价值观。

（二）陶冶功能

校园物质文化是一种潜移默化的教育形式，它能够创造一个无形的"场"，其感染力和渗透力弥散于校园之内、学生之中，无时不在，又无处不有，影响师生的思想行为和习惯。在具有良好的、强烈的校园文化氛围的环境中，师生所受的心理影响基本类同，这种类同的心理效应会产生一种感染力、向心力，进而形成公共价值趋向上的凝聚力。

（三）教育功能

校园物质文化目标的制定和选择都是为了突出其教育功能，把教育人、培养人、塑造人、陶冶学生情操、发展学生智能、磨炼学生意志、愉悦学生身心作为其出发点和归宿。在现代高校里，校园物质文化包括学校教学楼、教学设备、图书馆、实验室和校园网等设施，它不仅是当前高校教学活动的基础，而且也是开展科学研究工作、发展科学事业的重要条件。现代化的图书馆、实验室和校园网等，是现代化大学的物质基础。现代高校图书馆的基本功能是收集、整理、利用和保存文化。实验室或实践基地既是高等学校培养适应社会所需求的高级专门人才的重要基地，也是高等学校开展科学研究活动的重要基地。现代化的校园网是现代高校物质文化设施中的重点和亮点，发挥着越来越重要的作用。它满足了教学科研和办公手段现代化的需要，更重要的是满足了师生汲取知识的需要。

（四）规范功能

人总是生活在一定的物质环境中。广义的物质环境包括自然环境和居住环境，纯天然的自然环境在高校校园中已很少见，高校校园环境多为人文环境和自然环境的统一。因此，高校校园现行的物质环境无疑都浸染着浓郁的人文气息，是人和自然相互影响的结果。

正因为如此，高校校园物质文化对大学生的思想和行为起着影响与制约作用。整洁幽静、错落有致的校园环境可以使学生心情舒畅、平静恬淡，全身心地投入到学习和生活中，从而产生心理上的满足感、自豪感和归属感。优雅的校园环境可以给学生一种心理暗示，使他们在内心深处产生对优美校园环境的热爱之情，进而自觉保护校园环境，抵制破坏校园环境的不良行为。这样，学生就会逐渐形成自律意识和他律意识。

（五）心理功能

校园物质文化潜移默化的影响是大学教育的一种特殊手段和途径。一方面，优良的校园物质文化是给学生正面影响的肥沃土壤，既能最大限度地调动学生的主动性和积极性，提高学习的效率，又能有效地促进学生心理的健康发展和良好心理素质的形成。例如，合理的校园布局、凝聚历史文化及世界文化内涵的建筑、宽敞明亮的教室、宁静而带有书香气息的图书馆、整洁而舒适的宿舍、鲜花与古树相伴的校园小路、壮丽并富有激情的运动场、色彩斑斓并充满青春活力的学生活动中心、洁净的食堂等，不但有助于减轻或消除学生学习上的疲劳，而且还能使学生感受到学习生活的舒畅、美好和安全。相反，低劣的校园环境对学生的心理影响是消极的，甚至是破坏性的。例如，噪声充斥、垃圾遍地的校园环境会使学生情绪低落，产生压抑、心情烦躁、厌学甚至自卑等一系列不良情绪。意志薄弱者甚至出现心理障碍和心理疾病。

由此看出，优良的校园环境就像"润物细无声"的春雨，潜移默化地影响着学生的心理，使学生能不断完善自我，达到身心健康成长的目的。在当今社会价值观念多元化、高等教育国际一体化加快的趋势下，我国的高校校园无不受到外界环境的影响，而校园物质文化可以说是屏蔽社会恶劣风气的一道天然屏障。

（六）引导功能

校园物质环境的主体是建筑，许多高校的建筑都独具风格和特色，并彰显出历史和文化的底蕴，对学生进行着思想品德教育、文化教育和素质教育，引导着学生的思想和行为。因此，虽然校园建筑不是大学的主要标志，但如果在建设过程中赋予其特定的人文内涵，那它就会成为鲜活的课堂并发挥其独特的育人功能。如中国青年运动发祥地北京大学的红楼，会使在这里学习生活过的人无不受到它那种民主、自由、独立思考、宽容大度、追求科学创造等文化传统的影响。又如始建于1925年、在建筑上具有强烈美感的天津外国语大学"法国罗曼式建筑"的钟楼，以其浑然天成、优雅无比的特点，充分体现了欧式建筑的风格。当大学生置身于这些自然和谐、错落有致、科学配置的具有深厚世界历史文化底蕴的校园之中时，他们就会时时受到科学和人文精神的熏陶，进而产生热爱校园、热爱集体、热爱国家、热爱科学的思想观念以及正确的世界观、人生观、价值观。由此看出，校园环境无时无刻不对学生发挥着导向作用，并且这种导向作用不是短期的，而是在较长时间内发挥着作用。

四、高校校园物质文化建设的意义

近些年来，各级各类学校都投入大量的人力、物力、财力，加强了校园环境的绿化美化和设施建设，校园的环境建设有了很大的改观。在高校扩招的同时，为适应新的人才培养目标的要求，高校的固定资产也在成倍增加。学校已经充分认识到了校园环境文化的创建对学生的健康成长有着潜移默化的、深刻有力的影响作用。

（一）重视校园环境文化建设是学校发展的需要

前些年来，特别是20世纪90年代以来，校园环境文化建设中出现了令人担忧的、必须引起高度重视的严峻问题。其一，是校园环境文化逐渐丧失作为独立于大众流行文化的精英文化所独具的鲜明个性和特质，受到社会上商品化、通俗化文化的消极影响，高雅的校园环境文化出现了表层性、世俗性的倾向。其二，随着群体意识的弱化、个性意识的增强和物态文化的诱惑，出现了理想追求的淡化和价值观念的混乱。其三，自从改革开放以来，不少青年师生的思想观念和理论兴趣屡屡发生转移。所有这些现状都不利于学校的发展和声誉的提高。

（二）创设校园环境文化是实施素质教育的保障

实施素质教育是一项复杂的社会系统工程，而学校是实施素质教育的主阵地。在这块主阵地中，创设校园环境文化是实施素质教育的保障。学校要全面贯彻实施素质教育，除了各级各部门共同创造一个良好的社会大环境之外，同时也需要在学校这个小阵地营造良好的小环境。学校在实施素质教育时，校园环境文化是不可缺少的方面。因为，校园环境文化阵地可以培养学生的合作竞争能力，可以培养学生的创造性思维和创新精神，可以培养学生的艺术才华，可以增强学生的集体主义精神，可以增强学生的实践能力，可以使学生置身于一种自我教育、自我提高的境地，可以使学生在愉快教育、情境教育、和谐教育中健康成长。

总之，完善的校园设施将为师生员工开展丰富多彩的寓教于文、寓教于乐的教育活动提供重要的阵地，使师生员工教有其所、学有其所、乐有其所，在求知、求美、求乐中受到潜移默化的启迪和教育。完善的设施、合理的布局、各具特色的建筑和场所，令人心旷神怡、赏心悦目，将有助于陶冶校园人的情操，将塑造校园人的美好心灵，将激发校园人的开拓进取精神，将约束校园人的不良风气和行为，将促进校园人的身心健康发展。这种能让大学生的才华得到升华、能力得到培养、思维得到发展的校园环境文化创设实践活动，正是实施素质教育所需要的内容，高校应该也必须重视对校园物质文化这块阵地的建设。

五、高校校园物质文化建设的原则

（一）方向性原则

高校校园物质文化建设要牢牢把握先进文化的前进方向，坚持马列主义、毛泽东思想、邓小平理论、"三个代表"重要思想、科学发展和习近平新时代中国特色社会主义思想的指导地位，体现时代特征，建设先进的现代校园思想文化。面对世界多元文化的冲突，高校应大力弘扬中华民族的以爱国主义为核心的团结统一、爱好和平、勤劳勇敢、自强不息的伟大民族精神，开展健康有益的文化活动，不断丰富学校全体成员的精神世界，增强他们的精神力量。

（二）系统性原则

系统性原则是指高校校园物质文化建设是一个系统性的工程，分为很多方面，共同组成一个体系。这些方面各显其能，使高校校园物质文化的职能得到充分发挥。高校校园物质文化是一个整体，包括教学楼、图书馆、师生生活区、高校景观等。教学楼，或者是教学主楼，是高校校园物质文化的标志，是整个校园的"中心思想"，以其独特的风格影响着师生的日常生活。图书馆是一所高校实力的见证，通过藏书能力和建造规模表现出该所高校的文化程度和学习范围，师生在图书馆学习营造出的学习氛围对高校的文化起到一定的烘托作用。生活区作为课外生活的一个写照，是对教学区和图书馆以外生活的一种总结。快节奏、高效率的学生生活，奔走于图书馆、寝室、食堂的"三点一线"的校园文化都将这些独立的场所"系统"连接起来。还有很多高校元素，他们都在"系统"中扮演着各自的角色。

坚持高校校园物质文化系统性原则，就是要求我们在建设高校校园物质文化时，整体构思，整体规划，整体设计，在高校领导的统一指挥下，统筹规划，全盘考虑，科学布局，突出重点，努力将高校校园物质文化建设推向一个新的高度。

（三）主体性原则

人是社会的主体，任何社会的发展都无法离开人的决策。高校校园物质文化建设同样也需要人做发展的推手，除了高校领导，起主导地位的人就是广大师生。

主体性原则就是要充分利用和调动广大师生的爱校热情，激发他们内心的灵感和创造潜质，让广大师生对高校校园物质文化建设起到关键作用，使其思想渗透到高校的灵魂之中，从而形成高校的特色文化。

首先，发挥高校领导的首创精神。高校的领导是高校行动的直接参与者、任务的决策者、命令的下达者，是最直接、最有权力、最了解高校详情的人。高校的领导所思考的层面往往要高于一般人，他会从整体且全面的角度考虑问题，会将问题放到战略的层面去分析，而这些是一般人做不到的。高校的领导第一个对高校校园物质文化建设提出意见，有助于更好地引导其他人为高校校园物质文化建设献计献策，更有助于提高整体建设效率。而且发挥高校领导的首创精神，能在行动上起到表率作用，更有助于鼓舞全校师生在高校校园物质文化建设上充分发挥自己的作用，具有现实意义。

其次，发挥大学生在高校校园物质文化建设中的创新精神。大学生是高校教育的接受者，同时也是高校的中坚力量。青年人思维敏捷，头脑丰富，具有极强的创造力，能快速接受新事物，果断否定消极事物，并且具有很高的群体意识。在高校校园物质文化建设中，我们应该充分重视大学生的创造能力，挖掘大学生的创造潜能，让大学生自发地投入高校物质文化建设中去，在实践中学习创造，通过现有环境的熏陶感染，进行再学习、再创造，把创造的成果运用到高校校园物质文化建设当中去。

最后，最大限度地激发高校教师的创新热情。高校教师是高校灵魂的缔造者，是高校文化的继承者和传播者，也是高校的主人。高校教师都是才华横溢、知识广博的学者。他们判断准确，经验丰富，见多识广，而且有着很高的道德情操，这些对于高校校园物质文化建设都是极其重要的。

（四）创新性原则

创新性原则要求高校在深刻把握社会发展形势的前提下，从自身出发，结合时代特征，创新内容和形式，不断提高高校校园物质文化的发展潜力。创新是一个民族进步的灵魂，是一个国家兴旺发达的不竭动力。只有不断创新，国家和民族才更具生命力。

高校校园物质文化建设的生命力在于创新，高校只有结合自身的特点，吸收其他高校的长处，不断推陈出新，才能创造出不朽的生命力。高校一方面要调动广大师生的力量，充分发挥师生的创造意识，让他们将自己的学问用在高校建设中，形成有创新氛围的校园环境。另一方面，高校校园物质文化建设的主体也要不断创新思维，对于高校特色校园物质文化建设要听取多方面的意见，不能局限于专业性思维，非专业性思维有时也具有一定的创造性，要广开言路，集思广益，才能吸纳更多的具有特色的创意。

总的来讲，无论哪种创新最终都要向"育人"的目标过渡，最大限度地为培育优秀合格的社会人才服务。高校特色校园物质文化建设要不断地适应新形势的变化，结合自身情况做新的调整。高校文明是社会的先驱，在自身创新的同时，也要注意对社会的影响。

此外，高校创新也要结合自己的历史传统，在保护优秀传统文化的同时，进一步研究思考，赋予这些传统文化以新的意义，让其焕发活力。

（五）开放性原则

开放性原则要求高校特色校园物质文化建设不能在一个封闭的环境中进行，而应在一个开放的环境中进行。

国外很多大学对于校园物质文化建设积累了不少经验，在理论层面上有了很大发展，因此我们可以广泛引进国外成功的办学经验和前沿理论，因地制宜，取其精华，推进校园物质文化建设。高校物质文化建设既要充分表现大学的特色和办学传统，继承发扬学校传统建筑的优势，同时也应积极吸收兄弟高校校园物质文化建设的经验，取长补短，为我所用，促进高校校园物质文化建设的开放化、个性化、特色化。

国外许多著名的高校校园建筑设计具有鲜明的特色，除了在建筑的设计上创新以外，还会借鉴其他民族的建筑风格。大学建筑在本质上是一种文化的反映，折射出大学的特色和办学理念。在吸收外来建筑风格的时候，核心的理念价值是本民族的文化。现代建筑的各种式样丰富了校园环境建设的内容，也增加了建筑样式选择的难度。一般情况下，大学都在努力发掘传统文化，其标志性的建筑都是传统文化的反映。例如，北京大学的校门、清华大学的校门。但也有一些学校在现代建筑艺术发展基础上，大胆地采用国外的建筑风格，为我所用。

六、高校校园物质文化环境的优化

（一）合理布局学校建筑

学校的教学实验、文体活动、生活服务、职工生活等区域之间要符合"使用方便、流向合理、减少拥挤、避免干扰、节约时间、提高效率"的原则，处理好建筑与景观，区域的"静"与"动"，实用与建景的关系，做到"无一物不景，无一景无用"。学校建筑要根据自身的传统和特点，体现鲜明的个性：或雄伟壮观、气势磅礴，给人以威严肃穆之感；或古朴典雅，新颖别致，给人以幽静脱俗之感；或整体协调，过渡自然，景观独特，中心突出，给人以秩序感、韵律感和节奏感。校园布局要讲究所谓的"物理效果"，即校园要尽量减少和消除污染、降低噪声、协调光线、净化空气，改善小气候。

（二）营造以人为本的工作、学习和休息环境

一般来讲，人们的工作、学习和休息环境，只要通风、湿度、温度、照明、墙壁色彩的布置使人感到舒适，就算比较合理，就是一个能让人正常发挥工作能力、提高工作效率的合适环境。下面介绍几种现代化环境的布置。

1. 园林化办公室

办公室是脑力工作者的工作环境，办公室房间的大小、布置的合理与否对工作人员的行为和精神面貌都有很大影响。传统的办公室布置是以科室为单位的，一般 3 ~ 5 人一个小办公室，围着办公桌而坐。这种办公室虽然阻隔了其他办公室的干扰，但身处其中的工作人员总有一种坐井观天的感觉，加之领导者与职工相互面对而坐，视线直对，容易产生谁也不自由的厌烦感，久而久之，压抑感、封闭感就会越来越明显。也有一些教研室的办公室比较大，甚至十几个人挤在一个大办公室里，难免有杂音的干扰，使人注意力不集中。

针对上述问题，人们设计了一种"园林化办公室"。具体布置是，在一个大办公室里，用低矮的书橱或屏风、纱帘、幕布或者花木盆景把它分成若干个小办公室。这种办公室给人宽敞的感觉，但没有严密的隔墙，显得比较自然和轻松。其优点是，消除了领导与职员、职员与职员、科室之间原来那种在小办公室办公的心理隔阂，工作方便，办事效率高，灵活多变，造价低廉，便于清扫。当然"园林化办公室"并非十全十美，况且环境对人的行为影响只是相对的，而不是绝对的。因此，还有待进一步改进和探讨。

2. 环形教室

目前，学校教室大都是方形的，这种正方形或长方形教室把教师和学生划分得很明显，即教师在高高的讲台上，学生在讲台下。这种教室虽然沿用多年，但今天却引起了不少学者的质疑——它是否是学生的最佳学习环境？这种教室明显的弊病是，教师与学生的心理隔阂较大，影响学生的积极参与精神，坐在后面的学生看不清黑板上的字，而坐在前排的学生总是吃粉笔灰，坐在角落的学生有孤独感且好做小动作，注意力分散。为了消除这种传统教室的布局弊病，现在不少学校采用了环形教室。这种教室的布局是以老师的讲桌为中心，学生的课桌与老

师保持差不多一样的距离，围成一个半圆形。这种教室除了能消除方形教室的弊病外，还非常安静，学生的小动作也很少，这可能是因为学生间能够直视对望，互相监督。

3. 幽雅的自学环境

当今大学生生长在和平年代能够安心读书学习，更应该有一个使人的智慧得以充分发挥的幽雅环境。家庭书房、学生寝室、图书馆、阅览室等自学环境，更应注意这种心理效应。一般人都喜欢到图书馆里读书，因为那里幽雅、安静、舒适，使人有一种轻松自如的感觉。那么如何创造一种理想的自学环境呢？除具备空气流通，座椅舒适，安静明朗等基本条件外，自学环境更应以"幽"为基本格调，它不仅使人愉快舒畅，而且能启迪人的灵感，收到事半功倍的学习效果。

（三）广植花草树木，建好校中园

校园内，暖春时葱茏滴翠，姹紫嫣红；盛夏时浓荫覆地，鸟语蝉鸣；深秋时红枫似火，菊花斗寒；隆冬时腊梅凌雪，青松挺拔。这样既可以为校园添趣，又可以给师生以青春气息和美的享受。

尤其是像松树、梅花、兰花、翠竹、菊花、荷花这些被历代文人墨客反复歌咏人格化了的树木花草，恰似人们许多优良品质的象征。学校应根据校园整体布局要求，进行规模性栽培种植，建设"梅园""菊园""竹园""兰花园""莲池"等。同时在花园中适当地设以曲径、假山、亭台楼阁、石桌、石凳等，给校园增添无穷野趣，使人感到幽静深远，其乐无穷。受教育者与这些人格化的植物朝夕相伴，相互对照，可以提高涵养、修炼德性。学校还应对校园中植物的名称、属类、经济用途和生活习性加以介绍，以扩大观赏者的知识面，将自然科学知识教育寓于日常生活之中，从而提高校园环境的教育价值，培养大学生的审美趣味与审美心理。

学校是知识文化密集区，青少年聚集的地方，活动频繁且主题较多，因此作为渲染气氛的横幅、标语、墙报、展板等，要做到大方整洁，布点适宜。散见于校园中的书画墨迹，应在幽静典雅当中显出物华文茂，切忌滥贴滥挂，破坏校园的协调美。即使是一个通知、布告也应赏心悦目，给人以语言美、形式美的示范。

第二节　校园制度文化

一、校园制度文化的范围

（一）学籍管理制度

学籍除表明学生对学校的隶属关系外，还专指学生在学校学习的资格。按招生规定录取的新生入校注册，经审查和复审合格，即取得录取学校的学籍，也就是确定了学生对学校的隶属关系，取得了在该校学习的资格。反之，不论任何原因丧失了在该校学习的资格，便失去了学籍。学籍管理，就是对取得学籍的学生，在入学注册，成绩考核与记载，升、留（降）级，转学（转系或转专业）、休学、停学、复学、退学，奖励与处分、毕业和毕业资格审查等方面，按照党的教育方针、教育自身规律以及学生身心发展特点，制定出规章制度及所实施的管理。

学籍管理制度与其他制度一样是围绕培养什么人这条主线展开的，良好的学籍管理制度对于维持正常的教学秩序，实现预定的培养目标起着重要的作用。好的学籍管理制度可以调动学生学习的积极性，创造出一种有利于优秀人才脱颖而出的环境，构成人才成长的压力感、动力感和危机感，从而在同样的时间内，同等的条件下，为社会培养更多合格的人才。搞好学籍管理，是学校教育管理的一个重要任务。

（二）校园秩序和环境管理制度

校园秩序和环境管理制度，是学校管理的重要方面。它不仅为整个育人过程提供保证，而且也以其特有的方式直接参与育人。

1. 维护校园秩序，优化育人环境

（1）学习秩序

学校是培养人才的地方，教学是学校的主要任务，建立正常的学习秩序最为重要，这是教师开展教学活动的前提，是学生获取知识的重要条件。学习秩序一般分为课内学习秩序和课外学习秩序。课内学习秩序指与课堂教学（包括实验等）和考核有关的制度，如课堂纪律、考试纪律、教室管理规定、实验室管理规定、教书育人条例等；课外学习秩序是师生在上课以外时间里的学习，如学生自修或做作业、到图书馆查阅参考资料，教师科研等的秩序。

（2）生活秩序

学生不仅在校园里学习，而且也在校园内生活，因此必须建立正常的生活秩序。只有这样，才能保证学生的身心健康，使他们以健康的体魄、充沛的精力投入学习中去。生活秩序应包括饮食、住宿、医疗等方面的秩序。

（3）治安秩序

校园治安秩序是建立良好稳定的育人环境的重要环节。维护安定的校园环境，必须建立严格的校园治安秩序。一般学校都建立了许多治安管理制度，如"门卫制度""证件管理及使用办法""防火安全管理规定""危险物品管理办法""校园治安管理办法"等，有的学校还制定了"校园交通管理办法"等。

2. 强化校园环境管理，促进育人工作

大量的学校制度属于引导性的制度，其目的是将某方面活动开展的程序和应遵守的规则提示给师生及员工，指引他们照章办事，如学籍管理办法等。将奖励性制度引入激励机制，是为了调动人们在某些方面的积极性，增强竞争意识，如先进集体和先进个人评选条件、奖（贷）学金制度，优秀教师、优秀党务工作者评选办法等。惩罚性制度是对违反制度规定或对出现偏离培养目标行为者的制裁，如学生违纪处分条例。

（三）奖励与惩罚制度

1. 奖励

奖励是对师生员工所做的于社会、集体和他人有益的行为的肯定评价。它可以从正面肯定他们的思想和行为中的积极因素，起到表彰先进，树立榜样，发扬正气的作用。奖励可分为物质奖励和精神奖励。物质奖励有奖学金、专项奖学金（主要针对学生）和纪念品等；精神奖励分为口头表扬，通报表扬、表彰，发给奖状、奖章、证书或授予荣誉称号等。

2. 惩罚

惩罚是对师生员工所做的于社会、集体和他人有害的行为的否定性评价，是用于使受惩罚者认识和改正自己错误行为的方法。对学生的惩罚主要有通报批评、警告、严重警告、记过、留校察看、勒令退学、开除学籍等几种，对职工主要有批评、通报、警告、严重警告、开除等。

为更好地调动师生员工的积极性，扶正抑恶，各学校都制定了相应的奖惩制度，如学生管理规定中的奖励与处分条例，三好学生、模范学生干部、优秀团员评选条件，奖学金评比办法，优秀党员、先进党支部评选办法等。

（四）思想教育管理制度

1. 建立完善的、行之有效的思想教育管理体制

目前，我国实行的是综合管理体制，主要由专职党、团干部责任制，指导教师（辅导员或班主任）责任制和学生自我教育和管理制（包括学生党团组织管理制度、学生会组织管理制度、学生社团及刊物管理制度、学生勤工俭学社会实践管理制度、学生业余文化体育活动管理制度、学生寝室管理制度等）构成。

2. 思想政治教育的形式和内容

思想政治教育的内容主要通过政治理论课、思想政治教育课和日常思想政治教育的形式来体现。政治理论课又称公共政治理论课，包括马克思主义原理课、中国革命史课、邓小平思想理论课等。思想政治教育课主要包括形势与政策课、法律基础课、思想修养课、职业道德课和毕业生就业指导课等。日常思想政治教育主要包括日常政治学习、党团组织生活、个别学生思想教育等方面。

3. 采用科学的思想品德考核办法

目前，不少高校都实行了学生素质综合测评办法，对学生德、智、体、美、劳等进行测评。然而，多数办法定性多、定量少，缺乏科学性、全面性和实效性，也存在一些弊端。高校必须采用科学的思想品德考核办法。

二、校园制度文化的特征

高校校园制度文化的特征是与高校的教学实际紧密联系在一起的，具体来说，高校校园制度文化具有规范性、系统性、连续性、稳定性和创新性的特征。

（一）规范性

规范性就是指高校校园制度文化规定着生活、学习在其中的人们什么是允许的，什么是不可以做的，同时规定着违反规定会承担什么样的后果。规范性是高校校园制度文化最主要的特性，是制定制度的根本目的，也是制度强制力的体现方式之一。制度对人的规范作用，可以使社会生活变得更有秩序。

为维护学校的良好运行，高校成员会根据学校实际情况制定各种制度规则，并在执行的过程中形成遵守规则的制度意识。这种制度文化具有一定的规范性和强制力，是师生员工日常行为的参照标准。高校的师生员工基于对制度本身的规范性以及对学校各种制度的认识，会在一定程度上约束自己的行为。古人说"不以规矩，不能成方圆。"有了规范的制度规则和广为认同的制度意识，学校各项工作才显得有条理、有生机，才会有更好的发展。

（二）系统性

高校校园制度文化的系统性，是指高校校园的各项制度不是孤立存在的，而是由相互联系、相互依存的多分支、分层次的校园制度规则构成的完整的有机统一体。它既包括了学校的章程、行为规范和传统习惯，还包括各职能部门、院系的规定，甚至涉及校内各种社团、协会内部的规则、约定等。这些制度和规定有的是成文的正式制度，有的则是存在于口头的非正式制度，两者虽约束力不同，调整范围不一样，但都从总体上系统体现了学校整体或者某一方面的理念、宗旨，以及学校的校园文化和学校未来的发展方向。

（三）连续性

高校校园制度文化是在学校的长期发展过程中通过实践积累、沉淀形成的，无论是成文的、正式的制度，还是非成文的、非正式的制度，都有一个较长的产生和发展过程，包括学校师生的制度意识也不是一朝形成的。校园制度的形成是建立在对过去实践经验总结的基础之上的，同时对以后学校各项工作的开展发挥着示范作用。高校校园制度文化在发展中体现了传承的连续性，这样使得学校各项工作可以平稳有序地进行。如果这些制度规则没有连续性，制度心理、制度意识、制度观念没有继承性，则高校校园制度文化就很难塑造，学校正常秩序也很难维持下去，学校的长远发展也就无从谈起了。

（四）稳定性

高校校园的各种规章制度是高校在长期教学管理实践中总结出来的，反映了高校教学管理的内在要求。这种制度文化一旦形成就具有相对的稳定性，并可以在同等条件下反复运用。高校在制定、公布、执行校园制度的过程中会逐渐建立稳定的校园环境，形成相对稳定的校园文化，从而规定了高校师生员工需要共同遵守的习惯、传统、心理、意识。这些制度文化会沉淀为一个学校的学风、教风、校风，在一定的时空条件下保持相对的稳定状态，从而成为学校无形的巨大财富，影响着一代又一代师生员工的精神风貌。

（五）创新性

事物总是发展变化的，当社会的物质生产、生活环境发生变化时，原有的制度文化赖以生存的基础不复存在，就有必要对其进行适当的调整和创新。高校校园制度文化也是如此，当制度不适应高校发展的实际情况时，就应对其进行改革。高校校园制度文化是在一次次对原有制度的扬弃中逐渐确立的，所以它也就天然地具有创新性。高校校园制度文化的稳定性并不意味着一成不变，当教育的外部环境发生了变化时，校园制度就会进行必要的调整，在继承传统的基础上补充新的内容。在当前的高校改革和发展进程中，高校校园制度文化的创新是推动高校进步、建设先进校园文化的有效途径之一。

三、校园制度文化的作用

高等学校是培养人才的地方，各种思想、理论、观念都在这里集聚和碰撞。一方面，追求科学与民主、奋发向上的风气比较浓厚；另一方面，师生难免会受到各种影响。在这种情况下，校园制度文化在育人方面就自然担负着特殊的功能。校园制度文化的作用主要有以下几种。

（一）约束功能

学生在校期间都处于长身体、学知识的阶段。在这里，他们不仅学习知识，而且要形成正确的思想和良好的行为习惯。各种良好行为习惯的训练和培养，一靠教育，二靠制度。没有合理的规章制度和行为规范做保障，教育就显得苍白无力。规章制度和行为规范对学生的思想和行为起着科学的指导作用，它明确指出了什么可以做，什么不能做，对学生的行动有一种约束功能，从而形成良好的校风学风。

（二）激励功能

心理学研究表明，当人的某一行为受到肯定，得到表扬鼓励时，他们的心理就会得到某种满足，从而激励他们沿着同一方向产生更高层次的要求，激发他们更加努力工作；而当人的某一行为受到制止时，由于触动其自尊心，受到教育或惩罚，必然引起心理上的紧张不安和内心矛盾的斗争，激发其认真思考，从而分清是非，检讨自己的言行并努力纠正。校园制度文化就是通过规章制度来支持、鼓励或制止、清除师生的某种不良行为，以外部刺激的方式对师生的行为起到肯定和限制的作用。所以科学的制度客观上就树立了典型，这不仅使模范地遵守制度的师生体会到荣誉，受到鼓励，而且还能在周围的环境中产生出巨大的社会效应，调动其他师生的积极性，激励他们奋发进取，实现人生的价值。

（三）社会化功能

如果把学校比作一个加工厂的话，那么它的产品就是学生。学校最终要为社会输送有用的建设人才，这就规定了校园文化建设的最终目标是培养满足社会需要并正向作用于社会的合格的社会成员。大学生通过几年校园文化的熏陶，不仅要学到科学文化知识、技能技巧，更重要的是要形成一整套以现实社会的客观存在为参照的价值标准、道德体系和行为准则，形成独特的个性，以一个社会建设者、改造者的身份走向社会，扮演合适的社会角色，参与社会生活。所以学校生活是学生走向社会、扮演一定社会角色的准备阶段，也就是学生完成社会化的阶段。校园制度文化作用的一个重要方面就体现在学生的社会化方面。他们能否最大限度地接受社会公认的道德标准、价值规范和行为准则，尽可能在追求的目标和为达到这一目标使用的手段上和社会保持一致，不仅对于学生的一生至关重要，也直接关系到整个社会秩序的稳定和社会的稳步发展。校园制度文化一般都融合了该社会的规范，能使学生在学习文化知识之余，获得社会文化规范中的社会角色意识的教育，形成符合社会认可度的观念行为准则和价值观念，陶冶他们的情操，规范他们的思想，促进其心理健康发展，使其早日完成社会化。

（四）行为整合功能

心理学对行为整合是这样界定的：整合是指行为主体内各个组成部分在结构上组织严密，功能上协同合作，组成完整的整体系统。严格地说，一个人的行为，除了受其思想动机支配外，还受他所处环境的影响。苏霍姆林斯基说，学生周围的世界是生动思想的源泉，是取之不尽、用之不竭的宝库。来自校园环境的各种信息时刻都在刺激着学生，通过他们的模仿、暗示、从众、认同等心理机制来支配他们的行动。制定校园制度的目的就在于通过明确的规定来优化大学生的学习和生活环境，创造出奋发向上、积极进取、团结友好的良好风气，调整学生的思想行为，使良好的思想行为发扬光大。

四、校园制度文化的载体

高校校园制度文化必须依赖于一定的承载形式才能发挥作用，而由于其规范范围的不同，其载体也会表现为不同的形式。一般来说，高校校园制度文化的载体有大学章程、学术规范、行为规范、学生社团等。

（一）大学章程

大学章程是高校校园制度文化中最基本的规定，是为确保学校正常运行，学校的管理者就办学理念、内部管理体制、师生员工的权利和义务以及资产、财务等重要问题做出全面规范而形成的自律性的基本文件。大学章程在制定过程中是以国家教育法律法规为指导、以高校的教学实际为依托形成的。它为学校制定其他规章制度奠定了基础，是大学办学的纲领性和指导性文件，是大学成为法人组织的必备条件和重要指标，是依法治校的重要组成部分，是现代大学制度建设的重要内容。大学章程通常被称为大学发展、建设和管理的"根本大法"。

作为高校校园制度文化的最重要的载体，大学章程体现着大学的价值观念和精神。高校在制定学校章程过程中，应多方面吸取本国、外国、古代、现代著名高校在办学理念和治校方法上的经验教训，结合现实情况，从"文化发展"的角度来理解和把握高校校园制度，给高校校园制度赋予文化色彩。

高校制定校园制度要在保证不与国家的法律、法规等上位法相抵触的前提下，突出高校自身的目标追求、价值观念、素质要求、作风态度等精神文化，使制定的章程既能符合实际要求，又能彰显自身特色和时代特色，既反映国家要求，又体现学校内涵，发挥其行之有效的规范作用，引领学校向正确的方向发展。

（二）学术规范

现代意义上的大学除了教书育人的责任外，还担负着科研的任务，大学已经成为科学研究的前沿阵地和先进思想的发源地。为了规范学术研究相关行为，为大学师生和研究人员创造良好的研究环境，各大学都制定了合理的学术规范。学术规范指的是高校师生在进行学术活动时需要遵守的基本伦理道德规范，它涉及学术研究的整个过程以及学术活动的各个方面，如学术研究规范、学术评审规范、学术批评规范、学术管理规范等。

不同的学科、不同专业门类有着不同的规范，对于学术规范，我们可以从三个层次来理解。第一层次是最基础的规范，通常具有最高的权限、最为广泛的适用层面，而且具有最大程度的跨学科、跨文本属性。第二层次主要是关于各门学科的规范，这种规范通常只适用于本学科领域，对于其他学科则仅具有参考或借鉴的意义。第三层次主要是对各个学派、各个区域、各个时期规范的记录，这些规范通常十分具体，是最底层的学术规范。

学术规范除了规定学术研究的注意事项，也规定了违反规定的惩治制度。我国高校是学术研究、学术创作和学术传播的重要场所。广大教学和科研人员在长期的教学和科研工作中一直坚持正确的治学导向，严肃认真、积极进取、锐意创新，树立了良好的学术风气，为教学科研事业和国家、社会的发展贡献了自己的力量。但是，一些人身上也存在学术失范问题和学术不端的行为，严重损害了学校和教师队伍的形象，败坏了学术风气，造成了不良的社会影响。这些学术失范和学术不端行为的发生，固然与个人的人格缺陷有着内在的联系，但是也反映了学术规范的不完善。

学术规范是一项系统工程，制度文化建设是其根本，必须始终将制度文化建设贯穿于学校整体建设之中，着力建设学术规范的长效机制，最主要的是建立、健全学术规范的外在约束机制和内在自律机制，保证学者和专家的社会公信力，保证高校教师学术研究及学术创作的严肃性、规范性和纯洁性，促使高校产出更多高质量的智力成果。

（三）行为规范

行为规范是指约束、限制人们行为的力量和准则。高校行为规范主要是由教师行为规范、管理人员行为规范和大学生行为规范构成的。各地各高校都有独特的环境和风格特点，只有准确地认识和把握自身的教育实际，经过理性的思考和正确的行为选择，才能科学地制定学校的行为规范。

在制定行为规范时，各高校应把科学精神教育、人文素养教育、创新能力教育以及身心健康教育有机结合起来，依据《高等学校学生行为准则》，从学校实际情况出发，制定和完善高校行为规范，保证其适用性和可操作性，并通过合理且行之有效的行为文化的引导，使高校师生形成共同的道德准则。

（四）学生社团

高校的学生社团是学生按照国家有关法律法规和学校的规章制度，依据一定的程序自发地、有组织地申请成立的大学生群众性组织，是大学校园文化中最具开创性，最具生命力、凝聚力，最为活跃的一个特殊群体。随着高校素质教育改革的不断深化，高校学生社团的发展规模日益扩大，其活动形式和活动内容也朝着多渠道、深层次、高品质、全方位的方向发展。学生社团正日益成为大学生参与学校活动、拓展知识结构、提升自身能力、丰富内心世界的重要途径。相关统计数据表明，高校有70%以上的大学生参加过各种类型的社团组织，这已经逐渐成为大学生的一种生活方式。

学生社团在活动过程中会制定一些需要社团人员共同遵守的行为准则，这些准则可能并不以正式的条文形式来体现，而只作为一种大家都认同且共同遵守的规定。这些规定也是高校校园制度文化的一部分。

五、校园制度文化的发展趋势

校园的制度建设是目前高等学校十分重视的问题。其中，出台制度和执行制度是问题的关键。在具体实施中，应该注意以下几点。

（一）校园制度的数量日益增加

伴随社会的发展，校园人同社会的关系愈加密切，其活动的领域不断扩大，校园规范的种类和数量也随之增加，校园制度的内容就变得日益丰富。一些不符合历史发展趋势、对学校发展起阻碍作用的校园制度将被人们抛弃。随着社会观念更新速度的加快，校园也将日益增强调整思维的能力，准确迅速地把握时代的脉搏，抓住发展的历史机遇，及时快速地制定适合学校发展的校园制度。总之，在旧的校园制度框架中发展起来的校园活动一旦冲破框架，具有更大容量的新的制度框架就会变成现实。

（二）日益强调原则性和灵活性的结合

整个校园制度体系要完整、全面、严密。高校在制定具体的制度时，既要有一些原则性的条文，又要有具体、明确的规定。具体的规定可以使人得到很明确的认识，而一定的原则性则是制度体系得以完备的保护手段。在执行具体制度时，既要注意对照有关制度办事，不能随意解释制度甚至随意更改有关制度，但同时也要联系具体的情况，从实际出发，注意制度的灵活性。执行制度的根本标准还在于教育的总目标。未来的校园制度越来越强调制度的"为人性"和"人为性"的结合，强调原则性和灵活性的完美结合。

（三）制度意识日益从"他律"走向"自律"

培养校园成员的制度意识是制度文化建设的关键，学校要采取一定的措施，通过舆论宣传等手段加强这方面的工作。值得一提的是，教师的为人师表作用对学生良好制度意识的形成有很大影响。教师良好的行为举止对学生有很强的感召力；反之，教师带头违反有关制度，就很难叫学生遵守制度。学生的良好制度意识反过来也能促进教师制度意识的自律。未来学校的成员都将意识到制度的分量，自觉遵守制度规范，日益改变目前校园人的制度意识，日益从"他律"走向"自律"。

（四）非正式规范的作用越来越重要

非正式规范不同于明文规定的制度、条例，它是约定俗成的，带有很大的自发性，是一种心理上的自我约束，与正式的校园制度既有相通的一面，也有相斥的一面。如学生的群体意识、学校特定的传统习惯等，就能对学生起到一定的导向作用，越来越多的研究者开始关注非正式规范的作用。

（五）教育为主，制度为辅

对校园活动来说，制度能起到保障作用，但它不是万能的，教育手段仍是学校工作展开的主要形式。教育可以缓解人们的心理不平衡及由此引起的行为冲突；教育可以向校园人推行统一的社会理想、信仰、价值观念和伦理道德；教育使校园人认识到制度的意义，既意识到制度与直接目的关系密切的显功能，又意识到制度与直接目的关系不密切的潜功能。

六、校园制度文化的建设与完善

校园制度文化的特殊功能使它在整个校园文化建设中具有独特的地位，成为维护校园正常秩序、规范学生行为、培养合格人才所必不可少的一个"硬"件。各级各类学校为实现自己的培养目标，有效地管理学生，都必须从自身实际出发，建立和完善本校的校园制度文化。

（一）校园制度文化建设的基本原则

1. 紧紧围绕学校的培养目标

社会主义的政治、经济制度决定了我国教育的社会主义性质，这就是说各级各类学校必须坚持教育要为社会主义现代化建设服务，教育必须与生产劳动相结合，培养德、智、体、美、劳诸方面都得到发展的社会主义建设者和接班人。校园制度文化作为管理师生的一种规定，必须为我们的教育方针服务，离开了这个大目标，就偏离了大方向，甚至会走向反面。所以，校园制度文化的制定要体现我们的教育思想和教育方针，紧紧围绕我们的培养目标，以保证培养出的人才符合社会主义建设事业的需要。

2. 体现国家法律

校园制度是校方贯彻党和国家关于教育的方针、政策、法律和法规，并结合本校实际制定的管理学校的准则。它旨在维护师生的切身利益，带有法的权威性。作为学校的规定，校园制度首先应当符合国家的有关法律、法规，应当准确体现党和国家的有关规定，坚决按有关政策、法律规定办事。执行法规时，任何偏宽或偏严的做法，都不利于教学秩序的稳定和良好学风的形成。

3. 坚持育人的原则

建立校园各项规章制度是为了维护校园秩序，维护学校和师生利益，保证良好的校风学风的形成。校园制度文化带有约束力和强制性，一旦违反，按有关条款就要受到处罚。但学生违纪与社会上劣迹分子犯罪有显著的区别。由于年龄及所处环境的关系，大学生具有相对的单纯性、可塑性，他们的违纪行为一般都是在感情冲动、意志力不能控制时发生的，待冷静下来之后，大多对自己的错误有懊悔心理和自责心理。学生的违纪行为大多数属于知与行上的脱节，只要引导得法，大多数学生是可以转变的，仍然可以成为好学生。所以校园制度的制定应从育人的角度出发，坚持惩前毖后、治病救人的原则，使学生在行动上接受管理，在违纪时能够心悦诚服地接受批评或处罚，并从思想上产生深刻的认识，痛改前非。

（二）建立和完善各项校园制度

1. 建立健全制度

健全的制度，应具备以下三个特点。

（1）科学性

①要认真调查研究，了解师生。要注意研究和重视学生的各种心理需求，如学生的注意力、感觉、知觉、思维、想象、情感、意志、气质、性格、能力等，把握住学生的心理状态（心理状态是个别心理过程的结合、统一，是某种综合的心理现象，所以往往又成为某种个性特征的表现，反映出一个人的个性面貌，因而心理状态的特征又往往成为一个人的个性心理特征的表现。因此，一个人在特定时刻的心理状态，是当前事物引起的心理过程、过去形成的个性特征和以前的心理状态相结合的产物），遵循教育规律，以增强各种规章制度的针对性和实效性。

②制定各项规章制度必须从实际出发，实事求是，理论联系实际。有些规章制度还需要考虑本地区或本学校的具体情况，如教育部公布的《普通高等学校学生管理规定》等，这些都是总结了长期以来大学生管理的经验而制定的基本要求或法规。有了这些规定，就可以照章办事。但在执行中，还必须结合本地区、本学校的实际，把有些原则的规定加以具体化，提出实施办法。

③制度需要不断完善。规章制度在实施过程中会碰到各种各样始料不及的情况，而且随着时间的推移，原来合理的制度随着情况的变化也会不再适合现实情况，所以建立制度要从实际出发，不断修订，使之更趋完善。

（2）可操作性

什么该做，什么不该做，做了又如何检查，都应该有明确的条目，这样就便于执行和贯彻。所谓的有法可依，就是要按规章办事。在这一方面，要特别重视制度的配套建设。

（3）稳定性

制度是由人制定的，难免会有不完善的地方，随着时间的推移，可以做适当的调整和改善，但应尽量保持其稳定性。

2. 做好宣传教育工作

通过各种渠道做好宣传教育工作，这对保证制度得到良好的执行具有重要的意义。制度出台前，可根据师生的实际思想情况进行有目的、有意识的舆论引导。制度出台后，则要大力宣传建立制度的目的和意义等，组织师生学习制度规定的具体内容，甚至还要做出详细解释。

具体条例制度实施过程中，仍然要结合实施的情况进行宣传教育，以维护制度的严肃性，提高师生遵守制度的自觉性，更好地发挥制度的规范和教育作用。有条件的学校还可以将有关的条例、规章制度及办法汇编成册，让每个师生知道哪些事可以做，哪些事不可以做，从而使这些规章制度真正成为师生的行为准则。

3. 认真组织实施

规章制度一经建立，就要认真组织实施，实施过程中应做到："从严""求细"和"与人为善"。校园制度中学校的法规是人人都要遵守的准则。如果有人违反了制度，就应按规定给予惩罚，不徇私情，不惧压力，不受干扰。公正处事是维护制度的严肃性的根本保证。否则，有法不依，就会影响这些法规的严肃性，还会导致学校的混乱无序。当然，执行制度光有魄力还不够，还需要认真细致，特别是在处理违纪事件时，事实要可靠，证据要充分，判断要准确，处理要适度。

4. 加强检查与反馈

规章制度付诸实施，实际效果是否理想，管理状态是否如意，必须进行检查，并及时将信息反馈到学生管理部门。日常工作中不乏这样的教训：制度制定了不少，也布置了实施，但由于缺乏检查监督，实施过程中的矛盾和阻力不能得到及时解决，时间一长，就成了一纸空文。这样，不仅校园秩序得不到保证，而且还有损于制度的严肃性和执法部门的权威性，并且减弱了师生遵纪守法的意识。为此，许多学校都将"检查制度执行情况"作为制度本身的一项内容，与制度同时实施，使制度执行有了进一步的保证。

（三）建立健全各级管理机制

规章制度是学校的法规，涉及学校众多的部门。一般认为，校园制度的管理机制应包括政策层、管理层、执行层三部分。

政策层，由学校有关党政领导、有关部门和单位负责人组成，其任务是研究和制定符合本校实际情况的各项规章制度。

管理层，由有关部门（处）、系（所）各自独立组成。他们根据决策层的要求，各自检查落实相应规章制度的执行情况，如教务处负责学籍管理规定的落实，校团委负责学生社团活动的管理，学生处负责学生的日常管理，人事处负责教职工的考核，等等。

执行层，由各级管理部门的教师、干部组成。他们的主要职责是认真贯彻上级和学校有关指示精神，引导和组织师生遵守学校的各项规章制度。

第三节　校园精神文化

校园精神文化是校园文化的核心和灵魂。作为校园主体进行文化活动的内在依据，校园精神文化集中体现为校园精神。

一、校园精神文化的内涵

精神文化是人类在精神需求驱动下所形成的精神活动的方式及其对象化产品的总和。校园精神文化是整个人类社会精神文化的一部分并受其影响和制约。一般认为，校园精神文化的核心是价值观，主要体现为学校的文化传统、校风、人际关系、心理氛围等。校园环境、校园成员的行为、校园组织制度都在一定程度上反映了校园精神文化；而校园精神文化又通过校园主体这个环节影响着其他校园文化的建设。与物质文化相比，精神文化的内容和发挥其功用的方式均是精神的；而物质文化、制度文化、行为文化等实质上都是在以不同的形式体现人的思想和精神创造。精神文化是深层的、内在的，是人类文化的灵魂。

校园精神文化主要是指校园精神文化中的观念形态部分，即学校成员对社会和校园环境的反映和认识所形成的价值观。校园精神是学校精神文化的"内核"。

与校园物质文化、制度文化相比，校园精神文化的特点主要体现在以下三个方面。

①积沉性。文化是人类创造性活动的产物，它们在长期的历史发展过程中经过约定俗成的方式形成，悄然沉积于文化共同体的集体无意识之中，进入人们的精神—心理结构。它们"随风潜入夜"，具有某种化民成俗的品格。同样，校园精神文化是学校在长期发展中逐渐形成的，并代代相传，不断地丰富和发展它的内涵，具有相对的稳定性，成为学校师生员工共同的思想价值观念和行为准则，并逐渐得到巩固和规范。校园精神文化的积沉性植根于人类文化的继承性，植根于精神文化变迁的相对稳定性。没有这种继承性和相对稳定性，校园精神文化就不能体现学校优秀传统与时代精神的交融，就难以进入当代校园主体的精神世界，也无法成为师生员工文化活动的精神支柱和强大动力。

②隐渗性。校园精神文化所创设的那种潜伏的、弥漫于整个校园并凸显学校风范的精神氛围，具有启迪、感染校园人的作用。置身其中，受教育者无须教育者更多的烦琐说教，便会自然地感到学校精神对自己心灵的净化和情感的熏陶。这种渗透性影响具有"桃李不言，下自成蹊"之妙。整洁的地面比"禁止随地吐痰"的警示牌有效得多；安静的阅览室比"禁止大声喧哗"的规则有效得多。浓郁的学习氛围、整洁的校园环境，无不在传递一个信息、一个规则，以劝喻、示范的方式作用于受教育者的方方面面，默默发挥着它的巨大的规范功能。

③持久性。文化发展具有明显的继承性。正是这种继承性才使得那些在文化的历史发展过程中为社会实践所证明的优秀文化表现出永恒的品格。人的价值观的形成和转变需要经历一个过程和长期不懈的努力，正确的价值观一旦形成，又往往会持续稳定地对人的思想行为产生积极的影响。同样，校园精神文化作为学校团体的精神，体现着一种高尚的"品位"，它以一种潜移默化的方式对校园人的精神世界产生久远的影响。校园精神一旦形成，就会持久地存续下去，正如其形成一样也是一个渐进的过程，它的发展和走向不是任何人可以任意规定的。廉价的豪情壮语、不切实际的目标、时兴空洞的口号，尽管可以风靡一时，但终究不能持久。而一所学校的敬业、拼搏、奉献精神等却能发挥持久的影响力。

二、校园精神文化的分类

校园精神文化可以从多方面进行分类。从学校教育的职能和对校园主体素质影响的角度，校园精神文化大体可分为智能型知识文化、素质型心理文化、情感型审美文化和意识型观念文化四大类。

（一）智能型知识文化

校园是知识文化的集散地，智能型知识文化是校园文化的主要内容。智能型知识文化是校园文化区别于其他亚文化的重要标志。校园是传播新知识、创造新文化的场所，以培养具有创新精神和实践能力的新型人才为宗旨。

（二）素质型心理文化

素质型心理文化是指影响校园主体心理素质的那些心理文化及其现象，主要表现为人际心理活动、专业化的心理咨询、完整的心理素质测试系统等。学校学习阶段对于人的成长十分重要，正是经过"十年寒窗"的系统教育，青少年才从一个稚嫩的学童成长为一个能担负一定社会职责的社会成员，从学生生活过渡到社会生活，实现由校园学生到社会角色的转变。丰富多彩的校园文化在这个过程中发挥着重要的作用。

素质型心理文化潜隐于一定的校园文化形式之中，大多以个体行为的方式显现出来，表现为所学文化知识及文化知识以外的各种影响的积淀以及人际心理活动。素质型心理文化的形成，一方面取决于校园文化活动作用于校园主体的结果，另一方面取决于校园主体特别是学生对自身不良心理状态的调适能力。对于正在成长中的学生来说，校园文化对心理的影响十分明显，健康向上的校园文化活动——参加一次演讲、观看一场电影、听取一个报告，都会使他们得到一次心灵的洗礼、灵魂的净化，形成一定的心理习惯和行为模式，提升他们的道德水准；而那些低级趣味、格调低下的不良文化，则会扭曲校园文化主体的心灵，影响学生的身心健康和发展。在丰富多彩的校园文化中，学生的社会交往层次及次数相应增加，这就有助于学生逐步克服阻碍社会交往的某些弱点（如不尊重别人、对他人冷漠、自我中心的意识过强、妒忌心理、缺乏自信心等），在活动中锻炼社会交往能力，优化社会心理意识。

（三）情感型审美文化

情感型审美文化，就是通过具有美学价值的各种文化形式，激发校园主体的审美情感，培养校园主体审美素质的文化类型。情感型审美文化通过校园内一系列审美文化活动培养校园主体的审美意识、审美观点、审美理想，逐渐培养他们发现美、欣赏美、创造美的能力，并提升其美学素养和生活品位。

作为校园文化中最活跃的类型之一，情感型审美文化是一种培养师生员工爱美、求美、创造美的文化。法国著名的雕塑家罗丹说过："美是到处都有的，对于我们的眼睛，不是缺少美，而是缺少发现。"美，无时不有，无处不在。情感型审美文化主要通过音乐与美术欣赏、书画比赛、摄影展览、文艺演出，以及美丽的花草、庄严的雕塑等形式陶冶情操，使师生在不知不觉中受到教育。各学科的教学内容、教学方式、教学手段等本身蕴含着丰富的美学价值，物质形态的校园文化同样也包含着丰富的审美因素，布局合理的校园建筑、错落有致的花草树木、精美典雅的雕塑亭台等都会起到以美化人之效。

当前，愈来愈多的教师认识到美育在教育教学中的作用，以美辅德、以美陶情、以美益智、以美健体的观念正在形成。教师要自觉提高自身的美学修养，努力挖掘教育教学过程和学校环境中的审美因素，联系教学实际培养学生的美感，让学生在审美的过程中体验到学习的乐趣，进而全面提高素质，丰富精神世界。

（四）意识型观念文化

意识型观念文化作为一定社会意识形态在师生员工头脑中的反映，是指校园主体在一定价值观念支配下形成的对客观事物的看法，宏观的诸如世界观、人生观、价值观、实践观、方法观、人才观等，中观、微观的诸如教育观、学生观、教师观、教学观、师生观、课堂观等。观念文化受一定社会政治、经济等因素的直接影响，同时又反作用于社会政治与经济。

马克思指出："物质生活的生产方式制约着整个社会生活、政治生活和精神生活过程。不是人们的意识决定人们的存在，相反，是人们的社会存在决定人们的意识。"随着改革开放的深入和社会主义市场经济体制的实行，商品观念已经深入每个人的头脑中，当代校园人的物质利益观念也发生了变化，他们中的大部分人再也不会认为逐利者必为小人，只要符合国家的法律法规，不违反有关政策，追求经济利益就不是不义的行为，这是与社会环境的变化相适应的。

观念文化常常以某种思想体系的形式作用于人。校园观念文化一经形成，就会直接影响校园文化主体的思想行为，调节校园文化主体的情感，塑造校园文化主体的品质。著名的"团结、紧张、严肃、活泼"的"抗大"校风，不仅对当时抗大（中国人民抗日军事政治大学）学员的精神面貌产生了深刻的影响，而且对中国革命和建设以至今天的学校校风建设也有深远影响。北京大学倡导和实践的"严谨、勤奋、求实、创新"的学风，北京师范大学"学为人师、行为世范"的校训就是今天校园观念文化的具体表现。观念文化的核心就是校园精神，它一旦内化到校园文化主体的个性心理结构中，就会调节校园文化主体的情感、左右校园文化主体的意志、支配校园文化主体的行为。

三、校园精神文化建设的意义

校园精神文化是反映一所大学在长期的办学历程中所形成的理想、信念、情操、价值取向、道德水平、传统、风格和特色等具有鲜明个性特征的校园文化形态。它是为广大师生员工所认可的一种积极的思想成果和精神力量，是学校宝贵的精神财富，是校园文化的核心。大学是认识未知世界、探究客观真理、为人类解决面临的重大课题提供科学依据的前沿阵地，是知识创新、推动科学技术成果向现实生产力转换的重要力量。为此，大学必须弘扬求真务实、严谨创新、追求卓越、艰苦奋斗的科学精神，要保持大学师生员工的学术良知和人文情怀。

大学历来是继承、传播、创造先进文化的重要基地，同时也是各种意识形态交汇激荡的重要场所。因此，大学在发展过程中必须加强精神文化建设。既要教学生做事，又要教学生做人；既要提高学生的工具理性，又要提高学生的价值理性。在注重科学技术教育的同时重视精神文化教育，这才是以人为本的教育。我国高等学校肩负着为社会主义现代化建设事业培养"四有"新人的重任，是精神文明建设的重要基地，对文化的发展具有继承、吸收、创造、传播的功能。

首先，高校通过系统、持久、有选择、大规模的教学活动，可以把民族优秀传统一代一代地传播下去。

其次，高校在继承本民族优秀传统文化的同时，善于吸收、借鉴世界各民族的优秀文化，在中外文化的融合碰撞中，根据时代的需要，努力创造出新的文化成果，不断把有中国特色的社会主义文化推向前进。

最后，高校在培养人才的过程中建设先进文化。先进文化是在培养专门人才的过程中创造和传播出来的，专门人才又是在先进文化中熏陶哺育出来的。高校精神文化就是要准确地反映中华民族在各个历史时期及发展过程中的基本要求和愿望，准确体现中华民族的优秀传统和精神，并昭示和预见中华民族发展的正确方向。

因此，高校精神文化在体现学校的精神风貌、文化特色、发展方向的同时，还包含了社会主义精神文明和政治文明。它对培育大学生的思想道德修养的自觉性，反对个人主义、拜金主义、享乐主义，抵制封建主义残余的影响和资本主义腐朽思想的侵蚀，不断提高爱国主义、集体主义、社会主义的思想觉悟，发扬自尊、自信、自强的民族精神和艰苦奋斗的传统，努力树立正确的世界观、人生观、价值观，成为有理想、有道德、有文化、有纪律的社会主义建设者和接班人，实现我国社会主义现代化和中华民族的伟大复兴，有着不可估量的巨大作用和极其深远的意义。

四、校园精神文化建设的方法和途径

（一）构建和谐关系

和谐社会的主体首先应该是和谐的人，而教育是培养人的工程，教育担负着培养人的使命。高校应该为学生的健康成长创设一个和谐的校园人文环境。只有高校内部建立起和谐的人际关系，才能使学生在和谐融洽的高校校园环境中快乐学习和健康成长，才能使素质高、能力强的教师与高校同呼吸、共命运，才能使高校的办学质量得到不断提高。

在高校校园精神文化建设中，构建和谐的高校校园人际关系应该做到以下几点。

①要发挥教师的榜样力量，提高教师的精神文化水准。高校校园精神文化作为一种群体文化，不仅需要有组织、有目的地去教化、去渲染，而且更需要群体中有威望、有影响力的榜样以自身的风范去引导、去升华。教师是高校的核心，他们决定着高校的基调。

因此，高校应在教师中大力倡导"人敬重人，人理解人，人关心人，人爱护人"的风气，使教师之间形成团结协作、互相学习、勤于交流、取长补短、共同提高的氛围，克服文人相轻、互不往来、互相拆台的不良倾向，时时以自身良好的形象为学生树立榜样。

②高校教师要树立正确的教学观、学生观，敬重学生的人格，营造良好的师生关系。教师对学生要付出朋友式的爱心、诚心、细心与耐心，做学生的知心朋友，要坚持敬重人、理解人、关心人、激励人的教育指导思想，以情感人、以情教人，积极搭建与学生沟通的桥梁。

③培养高校学生间的互助友爱之情。一是要创设交往情境，指导学生交往。在指导学生交往上，教师要悉心创设交往情境，组织丰富多彩的教育活动，鼓励学生特别是那些不善交往的学生介入交往，并让他们懂得互助友爱是集体中必不可少的，学会理解别人、关心别人。二是正确引导学生中自发形成的各种非正式小群体。对小群体，教师要运用教育艺术，及时予以引导，可采取情感疏通、角色换位等方法，引导他们扩展交友范围，将个人的情感融于集体之中，同时干预不正当交往，从而减少离心力，维护班级和谐的局面。

（二）建设良好校风

校风蕴含着高校的特色与理念，体现着一所高校的精神风貌，是高校校园文化的核心部分，也是高校校园精神文化建设的主体。校风建设实际上就是高校校园精神文化精神的塑造，好的校风能激发和凝聚高校成员的内在动力，催人奋进，具有深刻的感染力。

建设高校优良校风，促进校园精神文化建设，可以从培育高校主体的严谨的行为文化入手。首先，要不断强化高校领导集体中的团结协作意识，重视和维护领导集体的团结。因为高校领导集体的团结对于保证和促进高校的发展至关重要，对高校形成好的校风起到示范作用。如果高校党政班子成员能够团结一心、密切配合、开拓进取、勤政廉政，则能起到很好的带头示范作用。其次，要把教师队伍建设好，注重教师职业道德建设，狠抓教师的表率作用。应该要求教师从精神风貌、道德修养、工作作风、学识水平到仪表风度、言谈举止、生活起居都要起到为人师表的作用。最后，要把学生队伍建设好。要通过强化学生的基本知识、基本素质、基本技能，培养学生学习的主动性和自觉性，加强学生社团建设等途径来不断提升学生队伍的整体素质。

建设高校优良校风，促进校园精神文化建设，还应建立和完善评价激励机制。要大张旗鼓地表彰先进、树立典型、弘扬正气，既要给予精神奖励，又要给予必要的物质奖励，形成团结向上的工作局面。要尊重人、关心人、理解人，充分发挥师生员工的首创精神，特别要尊重学有专长的人才、关心生活困难的学生、了解每个人的个性需求，充分发挥广大师生的主人翁意识。

建设高校优良校风，促进校园精神文化建设，还应充分发挥宣传窗、黑板报、图书室、阅报栏、广播站、高校校园电台等宣传阵地的作用。可以设计制作精致典雅的橱窗和画廊，时时为学生提供思想教育的精神食粮或及时展示素质教育的成果，激励学生奋发向上；可以展示出规范的宣传牌以及布满各种教育内容的黑板报，营造浓郁的学习气氛，激起学生求知的欲望，使高校师生一进校门便能感觉到一种积极向上的校风的潜在熏陶，从而自觉约束自身的一言一行、一举一动；还可以在高校校园网上建立文化园地，加强网络文化建设，优化网络育人环境等。

第四章　高校校园文化建设的形式

文化能够展示国家软实力，能有力地促进民族复兴和国家进步。我国高校有传承文化的重要使命，也要激励新时代青年为建设国家不断奋斗，因此必须不断提升高校传承文化的水平。本章分为思想政治类校园文化建设、科研学术类校园文化建设、技能培养类校园文化建设、文体娱乐类校园文化建设四部分，主要内容包括：高校校园文化建设与学校思想政治工作的关系、高校思想政治类校园文化建设的原则、高校科研学术类校园文化的内涵、高校科研学术类校园文化建设的积极意义、高校科研学术类校园文化建设的主要内容、高校技能培养类校园文化建设的方法、高校技能培养类校园文化建设的载体、高校文体娱乐类校园文化建设的重要性、高校文体娱乐类校园文化建设的目标定位等方面。

第一节　思想政治类校园文化建设

一、高校校园文化建设与学校思想政治工作的关系

（一）校园文化建设与思想政治教育互相渗透

校园文化建设与思想政治教育都是高校工作的重要组成部分，二者有着密切的内在联系，又是两个独立的体系。校园文化建设是一种管理活动和育人的渠道，反映了学校管理的软化趋势。而思想政治教育是贯彻党的教育方针、反映社会主义性质的客观需要，其目的是培养学生树立正确的世界观、人生观、价值观，提高学生的思想政治素质。

随着时代的发展进步，先进的、优秀的校园文化日益成为培育人才的关键因素，校园文化建设日益成为思想政治教育的主要载体。而思想政治教育则是校园文化建设的有力保证，是培育学校精神、建设校园文化的主要手段。校园文化建设与思想政治教育相互交叉、相互影响、水乳交融、相得益彰。

（二）思想政治教育是校园文化建设的有力保证

1.思想政治教育为校园文化建设提供理论基础和指导

思想政治教育是一定阶级、集团和组织用一定的思想观念、政治观念、道德规范对其成员施加有目的、有计划、有组织的影响，使他们形成符合一定社会要求的思想道德的社会活动。教育的目的是育人，但培养什么样的人才，在不同时代、不同社会制度下的要求是不一样的。高校校园文化以其内容的丰富性和开放性、主体的广泛性和形式的多样性成为当今大学教育的一项重要内容。加强高校校园文化建设，全面提高师生员工的综合素质，是现代大学教育的客观要求。文化作为一个系统，有着不同的层面，在当今中国，以马克思列宁主义、毛泽东思想、邓小平理论、"三个代表"重要思想、科学发展观、习近平新时代中国特色社会主义思想为指导的社会主义思想体系是社会主义文化建设的核心。高校文化建设在传承和创造文化的同时，必须以社会主义思想体系为指导并体现社会主义思想体系所确定的基本价值原则和取向。社会主义高校的根本任务是培养"四有"新人，培养社会主义的建设者和接班人，这就离不开思想政治教育。高校思想政治教育属于意识形态领域的工作，处于国家意识形态的前沿阵地，对全社会的思想文化建设有很大的影响和推动作用。搞好思想政治教育工作，可以为校园文化建设提供正确的理论基础和指导。

2.思想政治教育为校园文化建设健康发展指明方向

高等教育的改革和开放给高校的发展带来了新的更大的空间，也对高校校园文化建设提出了新课题、新任务。与此同时，在建立和完善社会主义市场经济体制过程中，如何确保校园文化健康发展，积极引入新的思想、观念和方法，不断消除与时代相悖的旧观念、旧习惯和旧的行为方式，保证校园文化建设的社会主义方向，不但是校园文化建设自身的需要，也是高校教育改革与发展的巨大推动力。高校是建设先进文化的重要阵地和前沿阵地，社会主义思想政治教育集中体现着先进文化的性质和方向。因此，在世界各种思想文化相互激荡和深刻的社会变革过程中，必须加强思想政治教育工作，保证校园文化建设的社会主义方向，保证校园文化健康发展。

3.思想政治教育是校园文化建设的核心内容

在校园文化的整体结构中起主要关联作用的是校园精神文化，它是校园文化的核心和统帅。思想政治教育是校园文化建设的核心内容，校园文化建设必须把德育放在首位，这是我国教育的社会主义性质所决定的。一位著名教育家说得好："体育不合格是废品，智育不合格是次品，德育不合格是危险品。"因此，要搞好校园文化建设，首先必须加强思想政治教育，这是团结师生员工，充分调动他们的积极性，贯彻执行教育方针，完成教学科研和其他各项工作任务的前提和重要保证，而且对学生进行思想政治教育是学校教育的一个重要组成部分，是学校校园文化建设的重要组成部分，是实现学校培养目标的关键，体现了社会主义教育和高校校园文化建设的特色。

（三）校园文化是高校思想政治工作的重要载体

校园文化建设和思想政治工作在高校中既相互独立，又相互渗透。校园文化不仅是思想政治工作的必要和有益的补充和延伸，而且还是思想政治工作的重要载体。近年来，高校校园文化建设越来越受到重视，这是因为优秀的校园文化不但可以优化育人环境，而且可以对高校思想政治工作中存在的无所适从、软弱无力的状况有所改进。近些年来，高校的思想政治工作在某种程度上处于一种尴尬的境地，造成这种局面的原因是多方面的。教育者和受教育者往往是完全不同的两部分人，只有在自我教育这一特定方式中，受教育者才占主导地位。而在校园文化建设中，校园人既是组织者，又是参与者；既是校园文化的创造者、实践者，又是校园文化的影响对象和消费者，他们在创造校园文化的同时又享用了校园文化，在其中受到熏陶和影响。这体现了校园文化建设主体、客体的同一性，这有助于调动受教育者的主动性和积极性。当代大学生具有个性张扬的特点，这决定了他们有很强的参与意识，同时他们也具有较强的参与能力。当前，一些高校寓思想政治工作于娱乐活动中，这使思想政治工作借助必要的、可行的物质条件和物化手段而增添了新的内容，创造了新的形式，使思想政治工作看得见、摸得着，从根本上克服了思想政治工作空洞说教的弊端，使其增强了吸引力。而高校校园文化的这种载体作用是由其自身的特点决定的。

二、高校思想政治类校园文化建设的创新

（一）校园网络与思想政治教育

随着现代信息技术在全世界的迅速发展，一个高度信息化的时代正向我们走来。信息网络在高校的出现和运用已经成为现实，许多高校已建设起覆盖整个校园的网络。有些校园网络已经初具规模，信息量较大，覆盖面较广，服务功能较强，其管理模式也基本形成。校园网络的建成给思想政治教育带来了全新的变化。

信息网络一方面具有信息量大、传播速度快、工作效率高、实时交互、空间广阔、多媒体运作的特点，因而能够最大限度地调动学生获取信息的自主性与参与性，对学生的吸引力也很大；另一方面，网络开放、交互式终端用户独立自由等特点也使网络中的不良信息缺少"天然的屏障"，某些西方国家利用电子信息技术对社会主义中国进行政治经济文化渗透，各种色情、暴力、迷信等信息对学生的身心健康造成了威胁。因此，思想政治教育工作者应发挥信息"过滤器"的作用，当好网络信息传播的"把关人"。

随着校园网的普及以及学校周边以获利为目的的各种各样的网吧越来越多，大学生上网的人数越来越多，上网的时间也越来越长。互联网把地球变成"网络村"，学生在多媒体终端随时可以了解国内外大事，可以学习自己想学的东西。也有一些学生把时间浪费在打电子游戏和聊天室里，通宵上网与通宵看视频成为一些学生的娱乐休闲方式，更有甚者终日沉迷于网吧，成为名副其实的"网虫"。这样，信息网络占用学生的空间越来越大，思想政治教育的空间便显得相对狭小。而且传统的面对面的说教式的思想政治教育手段也相对落后和陈旧。

因此，思想政治教育应充分发挥文化建设和思想政治教育的双重功能，一方面大力开发民族信息资源，让中华文化在网上抢占有利之地，建立中华文明的传播基地，以此来抵御外来思想文化的侵袭；另一方面，高校应致力开发和推广一些知识性和趣味性都很浓的教育软件，将思想政治教育的职能融入其中，将网上图书馆、科技馆开发成思想政治教育的场所，实现寓教于网。学生可以在网上发表见解，交流思想。思想政治工作者也不能以传统的说教者的形象出现了，而应顺应形势，在信息大潮中扮演引导者的角色，以学生为主体，促进学生主动参与，在教师的引导下查找和利用信息。这样，网络更新了思想政治教育的环境、内容和方式。

（二）社团组织与思想政治教育

大学生社团组织一般是指在校大学生基于兴趣、爱好、志向等因素自发成立的或由学校有关部门倡导扶持的学生群体组织。大学生社团组织带有较强的自发性，以共同的兴趣、爱好、追求等需要为引力，以感情共鸣为纽带自发而成，有一定的内聚性。有的社团社团跨系、跨专业、跨年级，有的社团因本专业的需要而倡导成立，以系为依托，有较强的专业性。近几年来，校园内的社团组织如雨后春笋般蓬勃发展，各高校社团组织的多与少、活跃程度与其校园文化有密切联系。因为社团是校园文化的一部分，是校园文化活动中最直接的组织者，社团本身就是一种文化现象，是校园文化的具体表现形式，社团活跃表明学校的总体思想活跃，社团活动水平代表校园文化的建设与发展水平。加强社团的管理，必然能促进校园文化的建设。并且，随着高校的改革与发展，几所高校合并或几所高校互相承认学分，跨校上课，将会削弱传统的班、系的管理职能，将来维系、约束学生的群体组织或许更趋近于是社团。社团在未来的学校教育中更显其重要性。

因此，加强社团管理，促进校园文化建设是思想政治教育工作者义不容辞的责任。首先，要帮助各种社团建立规范的制度体系。如社团建立时如何申请，社团的规范管理、统筹，社团的联席会议制度，这些都需要规范的指引。其次，加强引导。社团沉寂无声的原因之一是缺乏必要的指导，会员得不到足够的培训，人才凋零，社团缺乏凝聚力，社团成员的功利性过强。针对这种情况，思想政治教育工作者要加强引导，克服盲目性、随意性，抓住重点，突出社团特色。再次，发挥社团的自主性，让学生来担任活动的组织者的角色，让学生得到更多的锻炼和自我表现的机会。最后，拓展社团活动空间，加强校际交流以及与社会的联系，让青年学生的努力得到更多的认同。当今的社会需要复合型人才，社团的发展亦趋于多元化、社会化，思想政治教育在适应这种发展变化的同时也应改变自身的教育观念，即以学生为本，注重学生的全面发展和个性的培养。

（三）文化活动与思想政治教育

大学生校园文化活动是高校精神文明建设的重要组成部分，是校园生活多样化的一种表现形式，是一项细致复杂的思想政治教育工程。培养和造就在社会主义市场经济条件下德、智、体、美、劳全面发展的高素质人才是校园文化活动设计者努力的方向。实践证明，开展全方位、多层次、宽领域、高质量的校园文化活动，不仅能达到寓教于乐的育人目的，而且对大学生具有强烈的吸引力。带有专题内容的报告，例如"英雄在我身边""魂系中华""我爱家乡的山和水"，弘扬出朴实的爱国主义精神，是校园文化活动的永恒主题；各种小型拍卖会和手工制作品的展览，顺应市场经济的潮流；在学生中广泛开展的"电脑软件设计大赛""作品创意设计比赛""环保知识竞赛"等，体现出一种崇尚科学的精神；各种读书活动和学术专题报告满足了学生追求新知、钻研学术的愿望；另外，各种舞会、音乐会、歌唱比赛、影视欣赏、旅游等活动，是深受大学生喜爱的时尚休闲形式。

随着市场经济的发展，新旧体制转换而滋生出来的社会弊端使当代大学生置身于一个复杂的社会环境之中。正因如此，思想政治教育应把握文化活动内容的主旋律，使其具有针对性和时代感，要能循序渐进地引导和教育新时代的大学生积极向上。

第二节　科研学术类校园文化建设

校园文化建设中的科研学术类活动有很大一部分是课堂教学内容的延续，它既区别于课堂教学活动，又是课堂教学的扩展和延伸。学科交叉、文理渗透的科研学术活动使学生享受到触类旁通、别有洞天的乐趣，开阔了眼界，启迪了智慧，活跃了学术气氛，也激发了他们施展才能的内在热情和动力。

一、高校科研学术类校园文化的内涵

科研学术类校园文化是一所大学在探求知识、追求真理过程中所形成的特色和氛围，它是大学校园文化的核心，反映了一所大学的特色。科研学术类校园文化建设倡导"勤奋学习、热爱科学、追求真知"的科学精神，着重培养大学生对民族振兴和社会进步的责任感，立足于青年学生的知识应用和创新能力的培养，缩短大学生成才与社会需要之间的距离，提高大学生解决实际问题的能力。

（一）创新是科研学术类校园文化的特质

创新是引领发展的第一动力。科技的发展、知识的创新、学术的繁荣决定一个国家、一个民族的发展进程及其在国际社会中的地位。焕发创新精神，树立创新意识，培养大批创造性人才，是时代的要求，是教育在新世纪的重任。高等教育改革就是要将以知识传授为中心的传统教育转变为培养大学生创新能力的现代教育。建设以创新为特质的科研学术类校园文化，就是为了适应新时代发展的要求。创新是学术科技研究的灵魂和原动力，学术科技研究是创新的实践和过程，是创新精神的体现。

（二）育人是科研学术类校园文化建设的根本

加强科研学术类校园文化建设，就是要通过一系列科研实践和良好的科研机制、环境培养大学生的实际科研能力、严谨的求学态度和创新务实、开拓进取的科研精神，使他们热爱科学，树立献身科学事业的信心和决心；还可以弥补课堂教学的不足，扩大大学生的知识面，完善、优化大学生的知识结构，活跃大学生的思维，挖掘大学生的潜能，提高大学生的学术水平和学识修养。

（三）多样化、层次化是科研学术类校园文化建设的方向

学术科技活动是科研学术类校园文化的主体，既包括各类以课题形式开展的

群体协作科研活动，又包括师生在教学之余开展的个体学术科研活动；既包括各种学术科技会议的举办，也包括专业学术科技刊物的编辑、出版等。不仅如此，教育改革还要求把科研引入大学教学过程，努力使教学过程带有研究性质，将学术科技研究渗透到教育教学的各个环节。这是科研学术类校园文化建设的重点方向。科研学术类校园校园文化建设要向多样化、层次化方向发展，重点是提高学术科技含量，提高品位和层次，更好地服务于教学研究。此外，科研学术类校园文化建设还包括相应的制度建设、营造浓厚的学术氛围、形成具有自己特色的学术传统等。

二、高校科研学术类校园文化建设的目标定位

当代，知识与能力相互包容，构成一个整体。知识与能力相互转化水平的高低决定了个人创新创造能力的强弱。要将大学生培养成创新型综合性人才，关键就在于有效的学习与实践。而在大学生当中开展科技创新活动就是创新型人才培养的重要抓手之一。

（一）优化课程体系，完善知识结构

大学生创新能力的发展要基于广博的知识和良好的素质，而不仅仅是掌握单一的专业知识。因此，加强大学生科技创新教育的内涵更新和外延拓展，构建合理的课程体系成为开展科技创新活动的基本步骤，在科技创新活动开展前应及时完善学生的知识结构。一是要优化课程结构，按照"少而精"的原则设置相关必修课，确保学生掌握较为扎实的基础知识；二是要提高学生获得科技资讯的手段，使学生有机会接触前沿知识，了解科技发展趋势，掌握未来变化规律；三是要开设创新实践类相关课程，用实践活动不断增强学生的创新意识；四是要扩大科技创新类选修课比重，优化学生的知识结构，激发学生的研究兴趣，提高其参与创新的积极性。

扎实的专业知识在科技创新活动中起决定作用，它既包括本领域专业知识的深度，又要求知识结构的合理性，即对于相关学科特定知识的掌握。为此心理学家也有专门的研究，比较有代表性的是英国心理学家华莱士所提出的四阶段论：任何创造过程都包括准备阶段、酝酿阶段、明朗阶段和验证阶段四个阶段。因此，要想提高学生的科技创新能力，必须引导大学生在科技创新活动中吸收、学习更为深刻和广博的知识，在丰富知识积累的基础上加工创造，提出自己的独到见解。

（二）改变思维定式，塑造批判精神

现实中不少大学生并不缺少知识和经验，创新环境也相对较好，其本人也有较强的创新意愿，但经一番努力后所获创新成果差强人意。究其原因，很大程度是存在思维模式障碍。所谓思维模式，简而言之，就是人在思维活动中已形成的定式，它是思维内容与思维方式的统一。思维模式障碍是影响学生创新创造的重要因素，应在日常的学习实践中努力克服。然而，人的思维模式并非一成不变的，而是在后天的学习和实践中不断发展与完善的动态系统。人习惯在已形成事物的基础上不断创新，发掘新事物，在过程中表现出创意智能。也正是因为有了创意智能，人的思维模式才得以不断完善和发展。开展大学生科技创新活动首要的就是不断消除学生墨守成规、迷信权威、人云亦云、先入为主等常见的思维模式障碍。

当代大学生要冲破"书本定式""学术权威性"等传统的束缚，对书本、对教师所讲的知识要敢于提出质疑，带着批判意识去学习，逐渐培养批判精神。高校在组织开展科技创新活动时，应注意引导大学生以审视的眼光看待现有知识、理论及研究成果，并且要引导其积极参与科技创新竞赛、科研项目等，寻找现有理论、工艺、成果中存在的问题，通过对现有成果的批判、改良和升级，形成新的研究思路和方向。高校应通过各类科技创新活动的开展有意识地培养学生的批判精神，引导学生敢于突破传统思维的束缚，掌握建立新观念的有效方法，掌握良好的思维技巧，这是大学开展科技创新活动的目标定位之一。

（三）提升科技素养，强化科学实践能力

科技创新能力是大学生综合素质的集中反映，它指的是在掌握了一定的科学知识之后，运用一定的科学方法，在内化的科学精神的指引之下，解决新问题、探索新知识的能力。大学生科技素养教育，其目的不仅仅是要为经济社会发展提供人才储备和智力支持，更重要的是要培养可直接参与生产实践的合格人才。然而，从我国高校的实际情况看，大学生的实践能力总体有待加强。

长期以来，高校的教学方式以传统的教学方式为主，注重书本知识，注重理论的推演，忽视了知识、理论向实践的积极转变，忽视了在实践中的批判和创新。而培养大学生的创新思维就离不开怀疑、批判和否定，因此在大学生科技创新活动中要有意识地培养学生独立思考、敢于怀疑的习惯，以亚里士多德的名言"吾爱吾师，吾更爱真理"为遵循，勇于向传统挑战，冲破旧思想的束缚。

植入怀疑、批判精神的科技创新活动能促使大学生不断积累新知识，其思维的深刻性也能得到进一步增强，有利于大学生更加深刻全面地把握事物的内在本

质，为其大胆创新奠定基础。爱因斯坦曾说："提出一个问题比解决一个问题更重要，因为解决问题也许仅是一个数字或实验上的技能而已，而提出新问题、新理论，从新的角度去看旧的问题，却需要有创造性的想象力，而且标志着科学的真正进步。"因此，经过组织方顶层设计的大学生科技创新活动，就需要有意识地激发大学生的创新思维，有意识地提高大学生勇于怀疑、敢于怀疑、善于怀疑的科学精神和实践能力。

三、高校科研学术类校园文化建设的积极意义

（一）有利于扩大学生的知识面

大学生在参加任何形式的科研活动时，除了教师的必要指导外，主要是通过自己的反复思考和不断探索来解决问题的。在这个过程中，需要查阅大量的参考资料，掌握扎实的基础知识，也能拓宽知识面，强化科研技能。经过这一系列的实践，大学生的知识水平必然会得到很大的提高，思维能力和实践动手能力也会进一步加强，所以，进行科学研究是大学生成长过程中必不可少的一环。同时，科学研究对于培养大学生的科学思维方式也具有十分重要的作用。科学的思维方式只有经过严格的训练才能形成，单一的教学、传授和接受知识，难免造成学生的思维方式机械、呆板。把具有指导性和创造性的科研活动引入教学，必然会促使学生积极思考，打破原有的思维框架，对项目本身及其发展规律进行研究，从而开阔视野，启迪思路，增强科学思维能力。

（二）有利于培养大学生的开拓创新能力

一个合格的大学生必须具备多方面的能力，如极强的注意力、观察力、思维力和想象力，较高的专业能力和科研特有的技能和专长，以及自学能力、研究能力、分析问题和解决问题的能力，更重要的是还要有创新能力。获得这些能力，除了学习书本知识，还必须亲自参加社会实践，探索自然和社会规律以获取直接的知识。高校应充分挖掘大学生的聪明才智，使他们在了解科学发展的前沿知识的基础上能够坚持不懈地推动人类社会向前发展。

（三）有利于提升大学校园文化的层次和水平

在竞争日益激烈的今天，学术科技水平已经成为高校发展的标志性动力，浓厚学术科技氛围的营造和丰富的学术科技活动的开展成为大学校园文化建设的关键内容。科研学术类校园文化建设有利于提升大学校园文化建设的层次和水平。

另外，学术科技活动日益成为实施素质教育的有效工作载体，对学生素质教育和教师素质的提高起着十分重要的作用。

（四）有利于学者型教师队伍的建设

良好的学术科技文化氛围可以提高高校教师的学术素养和水平，有利于建设学者型教师队伍。这对于建设一流高校具有重要的作用，是高校在加快自身发展过程中必须重视的问题。高校应在制度上激励教师提高教学水平，在行动上尊师重教，搞好教学科研服务，体现人文关怀，充分调动教师的工作积极性，建设学者型教师队伍，提高学校的教育教学水平，进而建设高水平大学。

四、高校科研学术类校园文化建设的主要内容

（一）传授广博的科学文化知识

高校要抓好大学生基础教育，优化科技创新教育课程体系，深化学生的专业知识学习，不断拓宽知识的广度，特别是开设一些应用范围广的交叉学科的选修课等。这样可使学生在丰富知识积累的基础上进行加工创造，提高大学生自身的综合素质和科技创新能力，为更好地开展科技创新活动做好充足的知识储备。

（二）开展有针对性的创新能力培养学术讲座

高校要针对不同专业、不同年级学生的特点，有针对性地引导学生参加不同层次的学术讲座。对于大学一、二年级的学生，应更加注重专业基础教育，使其充分了解自己的专业方向，加强他们对专业的热爱和认同感，提高他们对各自专业的学习兴趣；对于大学三、四年级的学生，主要进行学科前沿情况教育，使其了解自己所学专业的发展情况，进一步培养学生的创新能力。

（三）培育有影响力的学术型学生社团

学生社团是由一些兴趣、爱好相同的学生组成的学生群体。在开展科技创新活动进程中，将对科技创新感兴趣的学生聚集在一起，成立科技创新类学术型社团，势必对大学生创新素质和创新能力的培养产生积极深远的影响。高校要在建设学生社团的同时，加大对科技创新类社团的投入力度，推动学术型社团的发展。通过兴建、培育和发展一大批优秀的学生社团组织，如机器人协会、数模协会、学生科技创新协会、计算机协会等，来提高学生对科技创新活动的兴趣，培养其科技创新能力。

（四）建立优秀的学生科技创新团队

建立优秀的科技创新团队是高校科研学术类校园文化建设的关键。大学生科技创新团队包括项目组成员、指导教师和管理教师三个部分。高校要从制度上进一步保障科技创新项目组成员有合理的专业背景和年级结构，鼓励科研项目多、经费充足的高职称、高学历教师参与大学生科技创新项目指导，充分利用学校团委、教务处以及辅导员和学生接触多、关系密切的特点，发挥其在科技创新活动方面的督促和引导作用；要鼓励不同年级、不同专业的学生组队，促进团队内成员间的交流与合作，增进不同专业的知识互补，增强学生的团队合作精神；要依托院系成立学生科技创新团队，引领学生开展科技创新活动。

（五）组织开展系统完善的科技竞赛

完善的科技竞赛体系，是推动科技创新成果与科技创新人才涌现的有效载体。高校应依托全国大赛、省级竞赛、校级竞赛、院级竞赛"四位一体"的科技竞赛体系，组织学生参与各种科技竞赛。如以全国数学建模竞赛、全国电子设计竞赛、全国"挑战杯"课外科技作品竞赛和创业计划大赛、机器人竞赛、程序设计竞赛等国家级竞赛为龙头，积极组织学生参与省级比赛，同时开展校内的选拔赛、院系提高赛。为拓宽高校科技竞赛的参与面，高校应鼓励各类学术型社团组织各院系学生参与科技竞赛，实现大型科技竞赛届次化、中型科技竞赛院系化、小型科技竞赛社团化，推动学生科技竞赛工作的日常化、专业化和规范化。

（六）实施科学技术项目基础性研究

大学生从事课外科技创新的过程是一个复杂的过程，包括学习、模仿、创新、应用等环节。各学生科研团队既要学习科研规范，又要选择适合自身能力的科研项目。高校应注重引导各大学生科研团队选择结构合理、项目难度适当、研究计划可行、指导教师到位的研究项目。处于起步阶段的大学生科研团队可以先通过创建兴趣小组、基础课题立项进行活动，通过学校拨款、企业赞助等形式筹措经费。大学生科研团队在经历科研课题申报、立项、过程指导、评审、验收、奖励等过程中，能不断提升科研水平。

五、高校科研学术类校园文化建设的组织管理

（一）合理安排时间

从以往的情况看，高年级学生已经掌握了专业基础知识和技能，具备了一定

的研究能力，参加科研活动的机会较多。实践表明，低年级学生中确实存在一些学有余力的学生，也可以吸收他们参加科研活动。当然不论是低年级的学生还是高年级的学生，他们从事科研活动的时间都是有限的，所以我们必须根据他们的实际情况，科学安排他们的时间，让他们参加一定的科研活动，如组织一些兴趣小组、学会等，从而让他们从活动中得到一些锻炼。高年级的学生可直接参加教师课题组及其他学术性、技术性较强的科技活动，发挥他们的专业特长，为他们今后的科研工作奠定良好的基础，促进他们成才。

（二）加强基础训练

基础训练是从事科学研究的必由之路。大学生参加科学研究活动不能急于求成，必须注重综合性基础训练。基础训练包括对有关科学原理和方法的课程的学习，以及通过科研实践掌握原理和方法的运用。必须强调的是，大学生要通过实验、作业、课程设计、专业实习和毕业设计，掌握文献检索与利用、实验与观察、操作与检验、论文写作等科研的基本技能，这是大学生参加科研活动必不可少的条件。

（三）激发学生参与科研活动的积极性

科研经费是大学生参加科研活动的物质保证。为了鼓励学生积极参加科研活动，学校应设法多方筹措资金。一方面，学校应逐年拨出一定额度的经费支持学生从事科研活动，重点项目经费可由学校统一管理，同时，各系、部应有计划地向学生科研项目提供各种实验条件，并提供一定的经费支持。另一方面，学校还可以支持学生科研走向社会，从事调研、咨询、科技开发活动。学生科研组织可以和社会企事业单位签订科研合作合同。对于学生科研活动的正当收入，学校应制订优惠分配办法，奖励给学生，以激发学生的科研积极性。

（四）重视领导小组建设

受科研能力、科研水平、科研活动形式以及科研时间等因素的制约，大学生参加科研活动的机会相对有限，缺乏完善的考核办法。随着大学生科研活动的增加，高校需要成立学生科研活动领导小组，具体负责学生科研活动的组织工作，确定项目，落实经费，安排实验时间及场地，同时可以聘请科研指导教师，加强对学生科研活动的规划指导。高校应重视对大学生的科研效果或成果进行评价的工作，并将他们与大学生发展和就业紧密联系起来，建立鼓励大学生积极参加科研活动的制度。

六、高校科研学术类校园文化建设的发展方向

（一）提高认识，明确大学生科技创新活动的育人目标

大学生科技创新活动的开展，首先应当明确其目标必须服务于育人这个工作中心。现阶段学生科技创新活动的开展应该突出活动的全员性、群众性，规避形式主义。在总量控制的基础上，对那些效果不明显、形式陈旧，甚至对人才培养目标产生消极影响的活动予以改造、淘汰。当前，大学生科技创新活动作为体现学校办学实力和知名度的重要指标，受到各高校的普遍重视。但是，有些高校、有些领域却出现了偏离育人中心工作的错误倾向：部分教师把大学生科技创新活动仅仅当成一种事务性工作去看待，没有站在育人的高度去开展；有的只重视学生的专业知识教育，忽视了大学生的思想品德教育，存在着投机取巧，功利性强，追求"短、平、快"，甚至直接用部分教授的科研成果以学生的名义去参加科技创新竞赛以提高获奖概率的现象。这种急功近利的行为，即便拿到奖项，从长远看也不利于大学生科技创新能力的有效培养。高校要充分认识到开展大学生科技创新活动的首要目的是育人，要把鼓励、支持、组织大学生参与科技创新活动作为引导大学生成长成才的重要载体，集中人力、物力和财力，着力在广大学生中开展科技创新活动。

（二）加强统筹，健全大学生科技创新活动组织体系

系统具有整体性，要素是系统存在的基础。大学生科技创新活动体系的构建离不开由领导机构、创新基地、竞赛体系、活动队伍、学术型社团诸要素组成的组织体系的建设。第一，领导机构的健全是开展大学生科技创新活动的关键。第二，基地建设是开展大学生科技创新活动的依托。系统的结构理论告诉我们，结构决定功能，功能是结构的外在表现。第三，建设稳健的队伍，是学生科技创新活动顺利开展的保障。大学生科技创新活动要多出创新性成果，学生科技骨干团队、科技指导教师队伍、组织管理队伍等"三支队伍"的建设是根本。加强学生科技骨干团队的建设是学生科技创新活动可持续发展的重要保障。第四，学术型社团的全面活跃是大学生科技创新活动有效开展的载体。第五，学生的广泛参与是开展科技创新活动的基础。学生是科技创新活动最核心的要素，学生广泛参与和素质的提高是开展科技创新活动的出发点和落脚点。

（三）科学管理，利用好大学生科技创新活动运作特点

大学生科技创新活动作为一个系统，具有一定的层次性，系统功能的实现离

不开各层次的联合互动。各类大学生科技创新类竞赛，由于其鲜明的科技性、实践性、探索性与大众性相结合的特点，为学生参与科技创新、进行探索性实践提供了机会，吸引了众多学生参与，成为大学生科技创新活动的主要形式之一。

（四）创新思路，制定大学生科技创新活动保障措施

第一，加强大学生科技创新活动管理制度建设。大学生科技创新活动是一项广泛持久的活动，必须建立相应的制度作为保证。开展学生科技活动包括一系列复杂的工作：课题的立项，审批和过程监督；作品的申报、参赛、评审和奖励；作品的对外展示、宣传和技术转让等。特别是要建立较为完善的学生科技创新活动激励机制。各种科技活动的开展，离不开学校、机关部处、院系的支持，高校应建立并完善大学生科技创新激励机制，以提高大学生参与创新活动的积极性，形成敢于创新、追求创新的氛围。同时需构筑学生创新能力的评价体系，从机制上引导学生参与科技创新活动。

第二，完善大学生科技创新活动资金筹措办法。一是争取学校支持，学校划出专项经费支持此项活动的开展，并将此作为解决资金问题的主渠道。二是把课外资源由计划外纳入计划内，寻求经费拨款的正规渠道。

第三，保证大学生科技创新活动的场地、设备等基础条件。学生从事科技创新活动前期要进行大量的科学实验，因此，一些基本的实验器材和场地是必不可少的。

（五）统筹规划，加强大学生科技创新活动环境建设

高校的教学系统、科研系统、学生教育管理系统与大学生科技创新活动体系密切相关，应从三个方面着手，加强大学生科技创新活动的环境建设。

第一，树立素质教育的理念，全面实施创新教育。大学生科技活动要获得可持续发展的动力，必须进一步转变教育思想，改革教学内容和教学方法，克服学校教育存在的不同程度脱离经济建设和社会发展需要的现象，把大学生科技活动作为教学的实践性环节纳入教学计划，并逐步实现规范化、制度化，切实把教学重点转到培养学生综合素质和能力上来。

第二，改革科技创新体制，营造良好的学术氛围。为适应高等教育改革趋势，高校必须深化科研体制改革，进一步确立科学研究的核心地位，重视学生科技创新工作，立足基础性研究，加强应用性研究。

第三，优化学生管理和思想教育模式，创造宽松的外部环境。

第三节　技能培养类校园文化建设

一、高校技能培养类校园文化建设的方法

（一）加强实验室建设，为学生实践创造条件

实验对培训学生技能具有直接作用。一方面，通过实验，可以验证书本上的理论，从而加深对理论的理解和掌握，巩固已学到的知识，培养学生的实际运用能力；另一方面，通过实验，可以培养学生独立承担科研、设计的能力，促进学生发现、发展科学真理，探索未知现象。学生通过实验，得到一系列较为系统的训练，培养了实验基本技能，这是其他的方式所不及的，也是无法代替的。所以，我们必须重视实验室建设，注意更新设备，尽可能增加开放时间，让学生有更多的机会接触实验室。

（二）加强学生科技写作能力的培养

科技写作能力是大学生能力结构中的重要组成部分，也是大学生科技能力的反映和体现，因此科技写作能力显得十分重要，而科技写作能力的培养途径是多方面的。首先，要重视课堂讨论和课程设计。组织课堂讨论，会启迪学生思维，训练学生的分析问题能力和理解能力，为科技写作打下基础。课程设计对综合运用所学知识，训练设计方法，特别是培养解决实际问题的能力，是非常重要的，应予以足够的重视。其次，要增加创造性学习活动。教师可在课程设计中或某些课程学习过程中，增加小型研究课题或带有创造性的大课题，以及在学习中培养学生的研究能力，为科技写作积累素材。最后，要支持学生创办自己的"学术刊物"，以激发他们的写作欲望，从而把自己的科研成果和学术论文通过这个窗口展示出来。这不仅是科技写作水平的反映，也是学生科研能力的标志。

（三）积极开展第二课堂活动，培养学生能力

第二课堂作为第一课堂的延伸，有其特殊的地位和作用，引起了人们的广泛关注。它与按教学计划所进行的第一课堂密切配合，给教学过程带来了勃勃生机，不但弥补了第一课堂的专业化和标准化所带来的某些不足，而且可以根据学生的兴趣、特长、爱好和志向，开展趣味性或学术性活动。第二课堂中可以展开专业领域内的研究或专业研讨，因人而异，因材施教，利于学生开阔视野、扩充知识面，培养学生的创造能力和科研能力，起到第一课堂无法起到的作用。

总之，高校教育不能只注重知识的传播，还应该加强实践性教学，充分利用第二课堂这块阵地，加强学生基本技能方面的训练，尤其重视能力的培养，这对学生的成才和今后的发展起着不可估量的积极作用。

二、高校技能培养类校园文化建设的载体

（一）实践教学课堂

大学生实践能力是以一定的实践知识为基础和指导，在具体情境中形成，并致力于指导人们在各种实际情境中合理选择和运用所掌握的知识和技能，解决实际问题的能力，在层次结构上又包括专业能力要素和基础能力要素，因此专业教育教学资源也是影响大学生实践能力形成、发展与提高的重要因素。

实践性教学的实施主要是基于高校现有的各门有一定应用性的专业课程，改革原先以讲授为主的教学方式，强调理论教学与实践活动的有机结合，运用团体项目研究、案例教学、分组讨论等多种实践性教学方式，充分发挥学生主体参与的积极性。建设技能培养类型的校园文化，应该从课程设置入手，对学生进行专业的、合理的技能培养。

（二）高校学生社团

在社团成员中，有许多学生是从学好自己的专业知识出发来选择加入社团的，许多社团会以不同的形式或渠道开展活动，帮助成员成长。同时，在实践中，社团成员能发现知识欠缺，了解社会所需，明确方向，调节知识结构，使所学知识得到进一步深化和提高。

学生加入某一类社团，在发展自身爱好的同时，不断使自己某一方面的技能得到锻炼。如广州城建职业学院计算机协会在不断的学习和交流中已经逐步形成一支具有网页制作、网络维护、硬件维修、部分软件开发能力的团队，建立了规范、健全的组织机构。可见，社团活动有力地提高了学生的专业技术能力。大力支持高校学生社团活动的组织与开展，有利于技能培养类校园文化的建设。

（三）社会实践活动

实践表明，大学生参加社会实践活动是建设中国特色社会主义高等教育的一个重要组成部分，是全面培养和提高学生素质的一条有效途径，对于帮助青年学生深入实际，了解国情，提高各方面特别是实践方面的能力，具有重要的意义。

大学生参加社会实践活动，应在学校有关部门的统一领导和组织下进行。在组织实践过程中必须坚持两个原则，并注意做好四个方面的组织准备工作。

1. 坚持社会实践活动的原则

（1）以受教育为主的原则

大学生在社会实践活动中要受教育、长才干、办实事、做贡献，其中要以受教育为主。高等院校的根本任务是培养社会主义事业的建设者和接班人，学校的一切工作都要为实现这一根本任务服务。组织大学生参加社会实践活动，也一定要围绕这一根本任务进行，把在实践中接受教育、提高思想觉悟作为出发点和落脚点。同时，大学生用所学的知识为地方和企业服务，这既是双方受益的，也是现实可行的。要防止片面强调"办实事""做贡献"，而忽视"受教育"。如不注意这一问题，就会失去社会实践活动的根本意义，达不到预期的目的。

（2）面向基层、深入实际、讲求实效、就近就便的原则

大学生的社会实践活动，要到我国社会主义建设和改革的第一线去，要深入人民群众中去，了解国情民情，既要组织学生到经济文化较发达的地区和单位亲身感受改革开放以来所取得的成就，也要组织学生到我国经济文化比较落后的地区去，通过实地调查企事业发展的艰巨性、复杂性，增强社会责任感。高校组织社会实践活动要从学校的实际出发，开展适合本校特点的活动；还要从所在地和单位的实际出发，努力为它们提供服务，避免与它们的改革和建设脱节。为了组织更多学生参加社会实践活动，应提倡就近就便开展活动。

2. 组织和实施社会实践活动的准备工作

（1）明确开展社会实践活动的根本目的

引导和帮助学生了解我国改革开放以来发生的巨大变化，加深对党的基本路线的认识，坚定社会主义信念；摆正自己与人民群众的关系，了解社会主义市场经济的发展给我国经济带来的勃勃生机；认清我国实现社会主义现代化任务的艰巨性，增强历史责任感；在此基础上，还要明确每次社会实践活动的具体目的、任务和要求。

（2）做好计划安排，把课堂学习、调查实践和承担任务结合起来

要具体研究和确定社会实践活动的方案，选好活动地点，制订具体的实施计划。要组织协调部门的力量，充分发挥教师的主导作用，共同做好思想和组织工作。规模较大的社会实践活动，应由校领导或有关部门负责人亲自带队，并选派得力干部和教师加强指导。

（3）对学生进行思想动员和集训

在开展社会实践活动之前，学校应对学生进行思想动员，使学生认清参加社会实践活动的重要性、必要性和所要达到的目的。要引导学生注重在实践中学习，提高思想觉悟和实际工作能力；发扬艰苦奋斗的精神，勇于吃苦，自觉锻炼自己。对参加较重大、较复杂的社会实践活动的学生，要进行必要的集训。

（4）建立考核制度

社会实践活动的重点在于引导和发挥每个学生的主动性和积极性，教师只做原则上的指导，既不包办代替，也不撒手不管。完成相关的调查后，每一个学生都应写一篇调查报告，这样有利于发掘每一个学生的潜在能力。实践证明，在大力发展社会主义市场经济、深化高等教育管理体制改革的新形势下，为了增强竞争能力，高校教师在提高教学水平的同时必须努力加强实践环节，培养学生各方面的能力。在新的形势下，对社会实践活动还要积极进行探索，力求形式多样，讲求实效，不断闯出新路子。

第四节　文体娱乐类校园文化建设

校园文化中主题鲜明、情趣高雅的文体娱乐活动是社会主义精神文明建设的重要内容，它不仅有助于提高师生员工的思想素质，而且能丰富他们的业余文化生活，使其以良好的精神状态和充沛的精力投入学习和工作中。

一、高校文体娱乐类校园文化建设的重要性

"科学与艺术在山脚分手，必定在山顶重逢。"这是 19 世纪法国文学家福楼拜的名言，他说："越往前走，艺术越要科学化，同时科学也要艺术化。"科学具备准确性、发展性的特点，这就要求从事科学研究者须务实严谨、开拓创新；艺术兼具客观性、浪漫性的特点，对人的创造性提出了更高的要求。科学与艺术相互补充、相互启迪、有机互动，它们的重逢也是对新时期国家和社会建设人才的新考验，是对人才培养的更高要求。

在政策上讲，《国家中长期教育改革和发展规划纲要（2010—2020 年）》指出要全面加强和改进德育、智育、体育、美育，促进德育、智育、体育、美育有机融合，提高学生综合素质，使学生成为德智体美全面发展的社会主义建设者和接班人。其中要求加强体育，牢固树立健康第一的思想，确保学生体育课程和课余活动时间，提高体育教学质量；加强美育，培养学生良好的审美情趣和人文

素养。没有先进文化的积极引领，没有人民精神世界的极大丰富，没有民族精神力量的不断增强，一个国家，一个民族，不可能屹立于世界民族之林。文化艺术是人民精神生活的号角，它可以启迪思想、温润心灵、陶冶人生，用光明驱散黑暗，用美善战胜丑恶，让人们看到美好，看到希望，看到梦想就在前方。

在理论上说，文体艺术活动是文体艺术教育和思想政治教育的有效载体，它能把优秀文化的精神内涵融入活动中，使大学生在活动过程中受到教育，并升华为自我教育和自觉教育，从而提高大学生的思想素质。文体艺术活动既承载、传导着文化的各种教育信息，引导大学生正确接受这些信息，又能帮助他们将这些信息所蕴含的价值观念不断强化，内化融入自己的思想观念中，还能促使大学生在优秀文化精神的感召下，在潜移默化中不断调整自身的行为方式，逐步养成良好的行为习惯，提高精神修养。

二、高校文体娱乐类校园文化建设的目标定位

（一）完善大学生的知识结构

新时期，社会需要高等学校教育培养出集科学素养、人文素养、艺术素养于一身的高素质人才。过去，高校普遍重视为大学生提供专业教育，对其他的领域有所淡化或忽视，致使大学生在知识的构成上，更注重专业性和专门化的知识体系，其思考和认识的范围比较狭窄。专业知识只是大学生知识结构的一个部分，要形成完善的知识结构就必须有相对应的辅助知识作为支撑。文体艺术类活动的举办能有效地促进科学与人文的融合，通过科学与人文"两种文化"间的深刻对话，学生在获得知识的基础上，会形成深厚的文化底蕴，达到沟通、整合的目的，使其理性与情感、科学精神与人文素养得到和谐发展，知识结构得到完善。

（二）培养大学生的社会性

人的社会性是人在社会中生存和发展的基础和前提。人的社会性是指人在社会化的过程中具有了人类所特有的合作、理解、同情、关爱等主体意识，具有了个体完整性。如果人缺乏了社会性，不仅难以融入社会，而且容易产生远离社会的意识，一旦个体产生远离社会的意识，反社会的偏激意识和偏见就可能滋生，不仅不利于个人的健康发展，而且也会影响社会的健康发展。文体艺术类活动可以提升大学生的人文素养，培养大学生的公民意识，形成大学生的社会责任感，通过人文知识、社会知识、科学知识、能力和修养的教育，通过体质锻炼和体育文化素养的提高，培养大学生的合作精神、团队意识、集体主义、人文关怀等主

体意识，使大学生认识到人的社会性对于人、社会、世界发展的意义和价值，使大学生在人与人、人与社会的冲突与融合中，学会克服困难，充分理解他人和社会，减少片面的看法，形成较强的社会性。

（三）培育大学生的伦理道德

文体艺术活动教育是着重于精神领域的教育，它富有形象性、感染性的特点，以文化艺术的形式，使人们在潜移默化中激起情感共鸣，从而使其了解社会道德要求和逐渐形成善恶观念。文体艺术活动能展现美好的生活图景，深刻地反映社会生活，给人们提供区别善恶、美丑的标准，引起内心共鸣，使其受到深刻的思想教育。长期以来，高等教育过分注重专业教育，使得大学生在思考人、社会、自然之间的关系时，忽略了伦理道德观念。

当今，世界性的生态保护与人类的可持续发展问题、国际化与本土化的问题、生物科技与社会伦理问题、国际政治与民族冲突问题、种族冲突与宗教伦理问题等，都成为人们必须思考的问题。文体艺术活动可以培养大学生的人文精神，提升大学生的文化品格，使他们懂得尊重人的价值，深入思考人与社会、自然之间的关系，并从伦理学的角度思考科技发展与人、社会、自然之间的生态伦理关系，有利于培养大学生的伦理道德观念。

（四）提升大学生的审美情趣

对美的不同观点，不仅是个体对美的评判标准，也集中体现出个体对美的感受、认知、理解和欣赏，展示出个体的审美情趣。对大学生的审美情趣的培育，不仅关系着大学生以何种标准去评判、感受、认知、理解和欣赏美，而且关系着大学生以怎样的方式在生活中创造美。学会以高尚的审美情趣感受美、理解美、欣赏美、创造美，既是完善人生发展的一个重要方面，又是营造和创建现实生活及追求未来生活的内在机制和动力。

大学生已进入青年阶段，不仅关注自己和他人的仪表美、语言美、行为美，而且以更为细腻的情感和独立的思考来感受、认知、评鉴生活中更广泛、更深刻的美，并以美的标准创造美。文体艺术活动可以让大学生对美好事物的感受和理解更加丰富，激发大学生理解美、欣赏美和创造美的意识和激情，提高大学生的审美情趣。

（五）促进大学生的心智发展

文体艺术活动可促进青年学生的心智发展：一是可增强记忆力，如音乐可以起到增强记忆力的作用，这对青年学生学习新的知识尤其重要。二是可改善大脑情绪调节中枢，培养健康、乐观心理。歌唱、听音乐等可以降低血压，增加心脏氧气摄入，从而使得紧张情绪得以放松，减少忧郁、焦躁等不良情绪，使人体得到更多、更有效的休养，这样再次投入文化课学习时，学生的注意力会更加集中，学习效果也会更好。三是可以开发大脑其他功能，如音乐（歌唱、演奏、听音乐等）可以提高学生的数学推理能力、阅读能力和空间想象力。

（六）增强大学生的运动观念

增强大学生体质、促进大学生健康成长，是关系国家和民族未来的大事，对于深入贯彻党的教育方针，大力推进素质教育，培养中国特色社会主义事业的合格建设者和接班人，具有重要意义。

体育运动的重要功效在于：首先，提升体质健康的水平。体育锻炼能促进人体器官功能的发展，形成对疾病因素侵蚀的有效防御，消除或减少疾病的影响。其次，完善心理发育，促进心理健康。体育运动对人体愉悦因子具有激活与释放的功能，从而能有效地调节情绪，缓解压力，促进心态的平和，使得学生能够长期地保持积极乐观的态度。最后，促进健康人格的形成。体育运动有助于培养学生自强不息、吃苦耐劳、勇于进取以及顽强拼搏的精神，有助于培养学生团结友爱、互帮互助的集体主义精神，促使其坚韧果敢、沉着冷静以及谦虚谨慎等意志品格的生成。同时，体育运动还能够有效地提高学生的社会交往能力、协调沟通能力以及合作互助的能力。

三、高校文体娱乐类校园文化建设的途径

（一）开展文艺活动

开展文艺活动是愉悦身心、美化心灵的良好形式之一，并不是可有可无的"软任务"。近年来加强艺术教育的呼声越来越高，在环境育人中，文艺活动能体现出潜移默化的育人效应，因此必须予以正确对待，科学地组织和开展。

1. 引导文艺活动健康发展

（1）领导重视

对于校园内的各种文艺活动，在加强正确引导的前提下，学校应尽可能地从组织领导上、思想上给予指导帮助，努力培养学生高尚的审美情趣。对符合校园文化主流的活动，学校中有关部门应通力合作，切实解决在排练、活动时间、场地、经费等方面遇到的实际问题，使学生的文化艺术娱乐活动落在实处。实践证明，一个学校的文艺活动开展得好，与该校领导关心重视文艺活动有直接关系。

（2）严格管理

相对于社会来说，学校是一种小环境，在改革开放的今天，校园文化活动必然受到社会思潮和文化的冲击，难免掺杂一些消极的、不健康的因素。特别是一些学生自发组织和开展的文艺活动，往往带有一定的随意性和盲目性，这就需要学校领导及有关部门统一规划，制定切实可行的规章制度和管理措施，妥善引导协调，加强对文艺社团舞会、演出的监督管理，严格履行审批手续，任何文艺活动的开展，都不能影响学校正常的教学秩序和生活秩序。例如，学生个人或团体不得随意邀请校外人员来校辅导或演出。班级开展的文艺活动，特别是舞会，需经系里批准。系里举办的文艺活动一般也需事先通知学校有关部门。全校性的文艺活动，多以班、系为单位，节目内容、时间等均须经文艺活动中心筹备组预先审定和彩排。

当然，对文艺活动的引导，绝不能用简单的行政命令方式处理问题，应当在符合广大师生意愿的基础上，将其引导到格调和层次更高的方向上去。应大力提倡自编自演的校园作品，用以歌颂时代、追求进步，使文艺活动健康发展。

2. 发挥社团文化的积极作用

（1）社团文化的特征

大学生按照自己的需要创造文化、改造文化和评价文化。高校社团文化是大学生在实践中创造出来的，他们发挥自己的主动性、积极性、创造性，创造出适合大学发展和他们自身发展的文化。同时，大学生在被创造出来的文化氛围中，接受文化的熏陶，接受高校社团文化的教化，接受文化环境所赋予的情感、思想、意志、价值、意义，从而使自身各方面的能力都得到进一步提高。

人的行为源于人的需求。大学生组织或参与社团活动，经营社团，创造或改造社团文化，其目的是满足自身的某种需要，如情感的需要、发展的需要、提高各种能力的需要等，是为了借助社团的力量来实现自己的愿望，达到自己的目标。

高校社团文化是继往开来的文化，它不断吸收之前的宝贵经验和优良传统；同时，社团文化在继承的基础上又有所创新，有所发展。社团文化建设鼓励集思广益，勇于创新，不断开拓进取，以打造社团文化建设独特的文化品牌。创新有利于不断丰富社团文化的内涵，有利于不断增强社团文化的时代性，还有利于不断提高社团文化的品位，使社团文化在大学中发挥越来越重要的作用。

学校每年都会招收各地来的新生，为社团文化注入新鲜的血液，正是这些新鲜的血液为社团注入源源不断的活力，让社团永葆青春，紧跟时代潮流。当然仅仅注入新鲜血液还是远远不够的，还得吸收与归整，每个社团的一分子在享受社团文化资源的同时应尽自己的一份心力去浇灌、去耕耘这片沃土。就是靠着这些朝气蓬勃的新成员，才使得学生社团得到维护、加强与巩固，才使得社团文化得到继承和发展。

（2）社团文化的教育引导功能

社团文化的教育引导功能的发挥主要不是通过硬性灌输来实现的，而是通过组织和举办社团活动时所形成的环境和氛围来引导和教育学生的。学生社团文化建设对学生的教育引导功能主要表现在以下三个方面。

第一，大学生社团有利于学生的自我充实和自我完善。大学生充满活力，朝气蓬勃，富有激情和创造性，是构建文明和谐校园的主要力量。学生社团根据不同学生的需要，有目的、有计划地组织和开展一些积极向上的社团活动，可以满足大学生求知、娱乐、交际、表现的心理需求，促进其全面健康发展。大学生社团是拥有共同兴趣爱好的人，为了给自己和他人创造共同交流的机会而创建的团体，参与社团活动，可以充实学生的大学生活，使之变得更加丰富多彩。学生在社团中，与其他社团成员一起团结合作，相互学习、相互帮助、相互激励、相互促进，共同为了社团和自身的发展而努力奋斗，这有利于培养大学生团结协作的能力和集体荣誉感。此外，大学生在参与社团活动，提高和锻炼自己与人交往和沟通能力的同时，还有机会接触到社会上的人和事，这有利于大学生提前认识和了解社会，丰富学生的社会经验。同时，每个社团都会有相应的规章制度，社团成员必须在遵守本社团规章制度的前提下组织和参与社团活动，这更有利于提高学生的自我控制能力和自我约束能力。

第二，大学生社团是学生展示自我，提升自信的舞台。大学生社团有很多种类型，学生可以根据自己的兴趣爱好自由选择。社团每年都会举办各种各样的特色活动，为学生展示自己的才华搭建平台，深受广大师生的喜爱。精彩的校园歌手大赛是能歌善舞的大学生展示魅力的舞台，充满激情的演讲比赛是爱好演讲的同学施展才华的地方，此外，摄影大赛、书法大赛等也都是大学校园的亮丽风景线。社团活动搭建了大学生展示个性风采的平台，丰富了大学生的课余生活。大学生在参与社团活动的过程中，既培养了自己的兴趣爱好，又结交了知心朋友，还建立了自信。

第三，大学生社团文化有助于引导学生全面发展，营造良好校园文化氛围。大学生社团具有目标明确、凝聚力强、覆盖面广的特点，它们积极开展丰富多彩、形式多样、健康向上的校园文化活动，包括文学、体育、科技、文艺、娱乐、竞技、社会实践和志愿服务等多种形式。这些活动覆盖了德智体美等各个方面，有助于引导和促进大学生的全面发展，还为校园营造了浓郁的文化氛围，有利于形成良好的学风和校风。

3. 因校制宜地开展文艺活动

由于每所高等学校的艺术教师、学生文艺骨干的水平不一，现有的条件设备差别很大，所以开展文艺活动要结合本校的具体情况，扬长避短，逐步形成自己的校园艺术风格和特色，切不可盲目攀比和模仿。基础较差的学校，要积极鼓励学生大胆实践，从头做起。例如，就乐器来说，可以选择价格较低的口琴、笛子、吉他来练习。有条件的学校，可以分多种层次开设文艺选修课和讲座，由初级到中级付诸实践，按班试点，以点带面，取得经验后在全年级推广，以提高学生在声乐、舞蹈和器乐等方面的艺术修养。学校内开展的文艺活动有很强的时令性，平时多以个体小型分散式的自娱自乐活动为主，这就要善于安排文艺活动时间，利用平时的部分闲暇时间进行活动和创作，以免影响学习。为使校园文化活动趋于制度化、系统化，对每学期（年）欲开展的文艺活动事宜，应先制订计划，做到人员落实、时间落实、内容落实。学校每学期最好能举办一次文艺欣赏讲座，组织一次歌咏比赛，每年开展一次"文化艺术活动月"，有条件的可以举行专场音乐会，使学生享受高雅艺术，在教师节前后可安排一次师生联欢的文艺活动周。

4. 持之以恒地开展文艺活动

所谓内外"互促"，就是"走出去""请进来"，以文艺活动加强与社会的横向联系。在以校园内活动为主的前提下，大学生需要通过文艺活动的渠道和窗口接触了解社会。学校在经费等条件允许时可以请高水平的一流文艺团体或专家来校演出和指导。有比较、有鉴别、有目的地开办各种文艺流派作品或交响乐赏析专题会，不失时机地参加学校主管部门、地区（市）举办的文艺会演，有代表性地去实习单位、军训的部队等处慰问演出等，借以开阔视野，取长补短，不断丰富和更新文艺活动的内容和形式，使本校的文艺活动开展得更有声有色。文艺活动是推动校园文化建设不可缺少的一部分。事实告诉我们，突击式地应付完成文艺活动任务，起不到育人的作用，也达不到提高艺术修养的目的。而只有坚持不懈地开展文艺活动，才能奠定良好的基础，摸索总结出较完善的经验，才能在端正校风、开展精神文明建设中发挥更大的作用。

（二）开展体育活动

体育活动是大学生生活的重要组成部分，也是校园文化建设中影响较大的重要内容，抓好体育活动，可以使学生强身益智、全面发展，进而培养团结拼搏、锐意进取的精神，同时也有助于端正校风，创造一个积极向上、生动活泼的校园文化新局面。

1. 组织开展体育活动，要做到课内课外相结合

对于大学低年级的学生，体育课在于打基础，多进行基本体能训练和素质训练，课外体育活动则根据各阶段的教学任务，适当安排一些辅助的教学内容，尽量使每个学生都能得到锻炼，以巩固学生在体育课内所学的运动技能与知识；对于大学高年级的学生，要增加课外体育锻炼的次数和考核比重，用以弥补和完善课内体育活动的不足，在增强体质、掌握体育技能的基础上，着重于实际能力的培养。

2. 组织开展体育活动，要以课外体育锻炼为主

课外体育锻炼的最佳形式是晨练。一般情况下，晨练安排广播操最为常见，天气寒冷时可改为长跑等项目，每周五次（雨、雪天例外）。课外活动的内容和次数要从实际情况出发，除了当天有体育课或课外劳动的班级以外，其余班应尽可能地开展各种锻炼活动。为了使课外体育锻炼活动落到实处，要做到"定人""定内容""定时""定地"，体育教师和年级主任（辅导员）可酌情实行责任制，每人包干 3 ~ 5 个班级，由体育主管部门负责通盘部署安排课外体育活动，预先公布课外体育锻炼的班级、内容、时间和场地，力求做到"一场多用""一器材多用"。体育教师宜提前两周把所任课班的课外活动向学生公布。年级主任（辅导员）跟班参加体育活动也可考虑列为岗位职责的一部分，并以每周若干课时计入工作量。在发挥教师主导作用的前提下，课外运动中还要注意发挥学生干部，特别是体育委员及体育积极分子的积极作用，协助做好宣传、组织和考勤等工作。体育主管部门和各系分管学生工作的系级领导以及学生处（学工部）负责检查督促全校的课外体育锻炼情况，及时组织评比考核。

3. 组织开展体育活动，要和"达标"相结合

《大学生体育合格标准》是目前检验体育教育状况的尺度，是落实科学体育目标的重要手段。有条件的学校可试行建立集体达标奖，用以奖励全部通过《国家体育锻炼标准》的班级、年级和系。在临近体育考试阶段，体育活动要紧紧

围绕有关考试项目来展开，有重点地攻克学生的难项和弱项，确保全面提高达标率。

4.组织开展体育活动，要和竞赛相结合

为了进一步激励广大学生参与体育锻炼的主动性，平时要利用体育课外时间，贯彻执行体育活动小型多样的原则，在有关教师的协助下，广泛开展班级体育比赛，这是建设大学生体育活动这一"高楼大厦"的基础。在此基础上，每周可举行一次系级比赛或年级比赛，每学期至少安排一次全校性比赛，如足球、篮球、排球等球类比赛。还可以组织拔河、爬山、做广播操等。每年春（秋）季可以举行一次以田径活动为主的全校性运动会，按其规模而定，学校领导要亲自挂帅，有条件的可以积极参与运动项目。有关部门要和体育部门积极配合，预先召开体育工作人员会议，使裁判检录、宣传、保卫、医务、后勤等单位各司其职、各负其责。熟悉和掌握赛场规则和议程，周密细致地进行准备与组织工作，保证运动会的顺利进行。同时，学校可以借助召开体育盛会的时机，把全校性的体育活动推向一个新的高潮。

5.组织开展体育活动，要做到普及与提高相结合

开展群众性的体育活动，从全局上来说，应以普及为主，重要的是参与，在参与的过程中，让学生充分地展示自己、提高自己。学生个人或团体自愿组织的体育活动是有利于学生身心健康的活动，原则上和开展文艺活动一样，只要不影响学校正常的学习秩序和生活秩序，学校有关部门就应给予热情支持和业务上的指导。同时安排举办体育知识讲座，培养学生裁判队伍，院系、班级可成立各种体育爱好者协会和小组，有组织、有计划地开展活动，不断充实体育活动的内容，还可以将集体观念教育、组织纪律性教育寓于活动之中。例如：在组织班级之间的排球比赛时，不管班级大小，只要符合一定的男女生比例，均可采用"四男二女式"混合阵容上场，以增加集体的凝聚力。在组织班级之间比赛时，要大胆鼓励全班同学人人参与，激励有能力的学生在比赛中大显身手，要尽量动员不参赛的学生来观赛，并组成啦啦队，做好比赛的后勤服务工作，这样既可活跃赛场气氛，又有利于集体荣誉感的培养。在普及体育活动的基础上，可根据学生生理、技能、素质的实际情况，分别建立校级、系级运动代表队，并推行等级运动员制度，由专职体育教师带队，利用课外活动及其他暇余时间组织集训，组织参赛，提高运动代表队的技术水平，从而带动全校的体育活动进一步蓬勃发展。

第五章　新时期高校校园文化建设的方法

校园文化是在学校萌生并在学校中进一步发展的大众文化。本章分为高校校园文化建设的实践思路、高校校园文化建设的机制路线、新时期高校校园文化建设的方法三部分。

第一节　高校校园文化建设的实践思路

高校校园文化是高校的精神和灵魂，是学校赖以生存和发展的重要根基，是学校核心竞争力的重要组成部分，具有导向和引领功能、教育和熏陶功能、凝聚和激励功能、规范和约束功能、支持和保障功能，在学校教育事业发展中处于重要战略地位。

加强校园文化建设，要坚持以马克思列宁主义、毛泽东思想、邓小平理论、"三个代表"重要思想、科学发展观、习近平新时代中国特色社会主义思想为指导，深入贯彻落实党的十九大精神，以社会主义核心价值观为统领，以促进学生全面发展为目标，强化文化建设的重要战略地位，建设体现历史传承、时代要求和学校特色的大学文化，为建设特色鲜明的高水平大学提供有力的文化支撑与思想保障。

校园文化建设的总体目标是通过加强文化建设，形成对教职工具有凝聚作用、对学生具有陶冶作用、对社会具有示范作用的底蕴深厚、内涵丰富、特色突出、导向鲜明的学校文化，使文化育人功能更加突出，文化引领功能进一步增强，成为推动学校改革发展的思想保证和精神动力。

校园文化建设的具体目标：①形成师生员工高度认同的学校办学理念和学校精神，并在师生员工中广泛传承、践行；②充分挖掘和整理学校历史文化资源，传承好学校的精神财富；③形成一批有影响、有特色的学校文化品牌；④打造一个传统媒体不断创新、新型媒体蓬勃发展、文化导向更加鲜明、舆论引导更加有力的传播平台；⑤建设并应用学校形象识别系统，树立学校良好形象；⑥以教师教风、学生学风和管理与服务人员工作作风为主要内容的校风得到进一步改善；⑦建设环境优美、设施完善、功能齐全、特色鲜明的精致校园。

第二节　高校校园文化建设的机制路线

一、高校校园文化运行机制的建立

校园文化运行机制是校园文化组织机构的工作规范。只有建立一套切实可行的工作规范，才能使校园文化活动有章可循。在每学年或每学期开始，学校党政部门和系党政部门以及各级职能部门要把校园文化活动的建设纳入自己的工作计划之中，建立一套管理制度，使校园文化建设沿着健康有序的方向发展。校园物质文化建设是校园文化的基础，是硬件；组织机构与工作规范是软件。只有具备了硬件与软件，校园文化才能朝着既定的总体目标运行。

二、高校校园文化运行机制的协调

鉴于大学校园文化建设的复杂性，要处理好大学校园文化建设与社会文化发展、学校其他各项工作，以及大学校园文化建设内部各方面的关系，必须加强大学校园文化建设内外各要素的协调，使大学校园文化建设与学校发展、社会发展和谐同步。

（一）校园文化运行机制与学校大系统的协调

一所高等学校就是一个系统，其功能与目的就是培养合格人才、出成果、提高学术水平，以培育社会主义事业的建设者和接班人，这是学校的总体目标，高校里所有的工作都要围绕这个总体目标进行。学校内部的一系列子系统如教学系统、科研工作系统、思想政治工作系统、后勤总务系统等，每个系统都有自己的功能与目标，这个目标也是本系统内的教职工个人的分目标，每个人都努力地去实现这些目标。不管你处在哪个系统、哪个岗位上，"教书育人、管理育人、服务育人"这个口号把所有目标统一协调在"育人"这个基础上。

校园文化系统也是学校大系统的一个子系统，从属于培养人才这个目标，并自觉地服务于这个目标。现代社会对人才提出了更高的要求，校园文化在培育人的素质的过程中，通过丰富多彩的文化活动和文化氛围，潜移默化地熏陶学生，帮助他们形成正确的世界观、人生观、价值观，发展爱好、特长。校园文化系统中各子系统、各职能部门都应该制订自己部门的工作计划和工作目标，部门中的每个人都要努力完成部门的目标。学校的工作在不同阶段侧重点可能不同，但根本目标是不会改变的。因此，校园文化的建设要与学校的工作重点协调起来，只有与社会大环境协调起来开展活动，才能充分发挥校园文化在培养人才中的作用。对此，学校领导要给予充分的重视，在物资设备、经费上要给予积极的支持。

（二）校园文化运行机制系统内的纵向协调

纵向协调是系统内各级领导人员与各级职能部门之间的相互协调，它实际反映着上下级之间的关系。如前所述，我们把校园文化运行机制看作一个系统，在系统中，学校党委是处于核心领导地位的，与各级党政部门之间形成了一种纵向的领导与被领导的关系。其他如党的职能部门、行政管理系统、团组织系统都必须服从党的领导。党的领导核心作用体现在把握方向，提出目标，制订校园文化建设的总体规划，向下级发出指令信息，使系统的每个部门乃至每个成员对本系统、本部门所从事的校园文化活动目标、方针、政策都清楚了解等方面。在执行过程中，校领导还应及时了解、考核指标执行情况，解决好下层各系统之间的协调问题。总之，在校领导的周围，应该形成一种凝聚力与向心力，作为下级的党政各职能部门、群团组织，则应围绕实现总体规划提出自己的部门或部门内个人的具体实施方案，进而开展工作。各职能部门、群团组织要充分发挥积极性，在工作中要及时收集校园文化活动的信息，并将学生的需求反馈给学校领导，以便做出相应的决策或调整，形成一种良性运行机制。

（三）校园文化运行机制系统内的横向协调

横向协调指的是系统内各部门、各组织之间的协调，反映了各职能部门、组织间的横向支持、配合关系。校园文化机制是一个有机整体，这个整体的功能同各个部分功能的发挥是相关的，但并不是各部分功能的简单总和，整体大于部分，整体具有其组成部分在孤立状态所没有的新功能，但它要依赖于各部分功能的最优发挥。

在校园文化运行机制系统中，虽说党、政、团组织分属于不同的子系统，其职责与职能有所不同，但这只是一种分工的不同，它们横向之间应该是一种互相支持、互相配合、互相协作的关系，要防止各自为政。为了使各部门的工作及每个人的工作互相协调，部门与部门、人与人之间应该互相接触，定期交换意见，沟通思想，使部门或个人之间能够互相深入了解，协同合作。例如：每学年或每学期各部门在校园文化活动方面准备以什么为主题，开展一些什么活动，需要哪些部门在哪些方面的协助与支持，等等。

三、高校校园文化运行机制的完善

（一）建立相应的引导、指导制度

大学校园文化圈并不是一个封闭的系统，它要时时受到社会文化的影响。社会普遍关心的一些热点问题，也是校园中的热点。校园文化活动中，除了一部分是由有关职能部门或社团有计划、有组织地发起外，还有一些活动是学生自发组织的，更需要加强对他们的引导和指导。这种指导一方面是指各级领导经常和学生接触，深入学生中进行调查研究，必要时参加一些社团活动，对其活动的合法性、健康性进行引导；另一方面，提倡指导教师进行指导，学校和各院系可以选拔指导教师对学生活动进行引导和指导，但一定要选派政治思想好、有一定学术水平或专长的人做指导教师。

（二）坚持连续性，克服临时性，重视行为习惯的长期培养

文化对人的熏陶是一个长期的、潜移默化的过程。校园文化影响和制约大学生的行为方式和行为方向，高校要重视这个长期的过程，不能搞临时的、短期的行为，要把它当作经常性的任务来抓；也不能只把它当作学习之余的一种调剂，要把它提高到造就人的高度来认识。

（三）采用激励机制，调动各职能部门和群团组织的积极性

"一花独放不是春，百花齐放春满园。"高校要调动各职能部门、群团组织的积极性，打造不同层面的、有自己特色的校园文化活动。学校领导应对在校园文化活动中做出突出贡献的人或有教育意义的事给予大力的表彰、奖励，对遵纪守法、开展活动突出的社团给予奖励，而对那些校园文化活动中不和谐、不文明甚至违纪的行为要给予处罚，以引导校园文化活动向健康的方向发展。

第三节 新时期高校校园文化建设的方法

一、发挥制度的重要作用

制度作为一种外加的行为规范，对学生的群体行为和群体价值观会发挥重要的作用。

（一）制度对学生的行为具有强制性的规范作用

对于任何组织，制度和纪律都是必要的，对于以青年学生为主要对象的学校

则更为必要。青年学生对外界事物十分敏感，又缺乏实践经验，缺乏对复杂事物的辨别能力，其情绪和行为具有两极性、摇摆性和不稳定性。良好的制度体系可以将青年学生的行为规范在一个符合集体利益、符合培养目标的层次上，这不仅有利于维护学校的教学秩序、生活秩序和工作秩序，也有利于青年学生在制度约束下逐步养成良好的行为习惯，进而树立与此行为习惯相适应的良好的价值标准和道德观念。

（二）制度对群体价值观发挥有效的强化作用

存在决定意识，什么样的制度强化什么样的价值观。因此，在校园中制定和推行任何规章制度，不仅要考虑到维护校园正常教学、生活、工作秩序的需要，而且应该考虑到强化积极向上的群体价值观的需要和校园文化建设的需要。为此，应该遵循下面四条原则。

1. 从严治校原则

制度贵在严，严格才有效。校园中有章不循、执法不严的迁就、姑息行为应该严格杜绝。对青年学生放松要求只能导致违背校园规章制度的不良风气、不良价值观得不到有效的抑制。事实证明，"严是爱，松是害"，我们在制定和贯彻制度时应该牢记这句话。

2. 是非分明原则

任何制度都不应搞实用主义、权宜之计，这种管理上的短期行为，往往导致是非不明、善恶不分，无法进行正确的价值观引导。如在组织学生参加勤工助学活动时，有些学校并未安排相应的价值观教育活动，容易助长"吃大锅饭"的落后观念和不劳而获的依赖心理。

3. 积极引导原则

良好制度的一个重要功能是引导学生参加健康有益的活动，杜绝消极有害的活动。在制定和推行各种管理制度时，我们应该有意识地发挥制度的导向功能。

4. 相互配合原则

学校的各种制度五花八门，是多层次、多方面立体分布的。这些制度应该在内容上相互配套，在思想内涵上相互协调，在价值观念、道德观念的导向上保持一致，才能够组成和谐统一的制度体系。我们在制定校园管理、教学管理、宿舍管理、社团管理等各方面制度时，应该统筹兼顾、互相照应，在价值观导向上有一个总体的把握，及时修改各项制度中不匹配甚至相互矛盾的内容。

建立和谐统一的制度体系，意味着从学习、生活、工作、娱乐各个方面，鼓励与校园文化相一致的思想行为，抑制与校园文化相背离的思想行为，使奖励和惩罚成为校园文化建设的有力杠杆，使学校倡导的积极向上的价值观念变成可见的、可感的、现实性的因素，时时发挥着心理强化的作用。换句话说，就是使管理工作不断丰富其思想内涵，使思想政治工作渗透到管理工作的各个环节中去。

二、培养优良校风、学风

校园文化的核心是群体主导价值观，它主要体现在学校的校风、学风之中。校风和学风是一种具有很强的感染力的潜在的教育力量，能影响整个学校师生员工的生活，也最能反映学校的校园文化建设水平。

从心理学角度看，一个学校的风气构成了该学术集体的心理定式，集体中的多数人在耳濡目染、潜移默化中形成一致的态度、共同的行为方式。而人的态度在群体中存在着类化现象，无论是思想、价值观念，还是处世态度、治学精神，个人都会受到群体中他人的影响。学校中多数人的一致态度必然成为影响其他成员的巨大力量，甚至使态度不同的个体改变初衷，而一定的行为规范一旦为学校中多数人所接受和认同，就将通过模仿、暗示、从众、认同等心理机制使少数行为方式不同的个体抑制其违反集体行为规范的言行，从而与周围的心理环境协调起来。

（一）充分发挥校风的感染作用

高校应充分发挥校风的感染作用，使学生产生校风趋同的心理倾向和适应校风、学风要求的自觉意识。在一个学风良好的学校里，极少有学生不上晚自习的现象。如果一个学生想偷懒，晚上不想去上自习了，但他在宿舍里环顾四周，各个房间都人去屋空，只有他一个人孤零零地待在那里，在越待越心慌的情况下，他最终也会背着书包去教学楼。他去上自习的过程，不是外界强迫他，而是他感受到风气的压力，自动地改变初衷而与群体风气一致起来。良好的校风是高校精神面貌的具体体现，也是高校综合实力和凝聚力的重要组成部分。各高校应充分挖掘学校办学历史与传统宝贵资源，结合学校发展战略规划，根据学校办学思想和理念，大力营造崇尚科学、严谨求实、善于创造、具有时代特征和学校特色的良好校园风气；扎实开展师德教育，积极建设优良教风；严格管理，营造良好的学习氛围，努力形成勤于学习、奋发向上、诚实守信、敢于创新的良好学风；认真研究办学经验，对校风、教风、学风做出科学的文字表述和诠释。

　　校园文化是指学校这个特殊场所具有的特定的精神环境和文化氛围，是由教育者和被教育者双主体以校园为空间背景，围绕教学活动和校园生活而创制并共享的，以文化冲突与统一为表征的亚文化系统。它体现在显性课程和潜在课程（亦称隐性课程）两方面，显性课程指学校规定学生必须掌握的知识、技能、思想观点、行为规范等，潜在课程包括校园建筑、文化设施和环境布置等有形环境和校风、教风、学风、人际关系、文化生活、集体舆论、心理气氛以及校园群体观点、信念等无形环境。后面的这些校园精神和校园价值观等观念形态的东西是校园文化的深层结构和核心内容，对于整个校园的生存和发展都具有指导意义，是校园建设的无形资产，与学校的办学质量连接在一起，是学校重要的可持续发展要素之一。我们应当重视校园文化的建设，并努力使其育人作用得到充分发挥。

　　社会主义思想道德建设是校园文化建设的核心内容。学校必须从国情、校情出发，全面贯彻落实教育方针，坚持以为人民服务为核心，以集体主义为原则，以爱祖国、爱人民、爱劳动、爱科学、爱社会主义为基本要求，通过社会实践活动、艺术活动、团课党课活动等有效途径，教育广大青年树立建设中国特色社会主义的共同理想和正确的世界观、人生观、价值观，树立坚定的共产主义信念。进行思想道德建设上的创新应紧紧围绕发展社会主义先进文化的根本任务和校园文化建设的最终目标，也就是要培养一代又一代"有理想、有道德、有文化、有纪律"的公民。学校应开展形式多样、丰富多彩的文化活动，结合重大节日，如国庆节开展的热爱祖国歌咏比赛、建党节开展的爱国爱党系列活动等来培养学生的爱国精神；结合各具特色的运动会、艺术节、科技文化节等活动让全体师生充分展现自己的精神风貌，在活动中发挥教师为人师表的作用，把思想道德建设渗透到学校教育的各个环节中去。

　　制度可以管出合格的学生，但要想学生优秀，还要靠学校文化的浸润。我们希望从有形的制度管理着手，收获无形的文化浸润之成效。

　　制度本是文化的内涵之一，从广义的文化来看，制度也属于其中一部分，是文化纵向结构的一个层次。长久以来，在制度的持续作用下，大家逐渐习惯接受这些规则，使之成为一种制度文化。

　　制度文化是在校师生的共同行为准则，它通过协调校园内各个群体或个人间的行为关系，成为学校正常运转的最有力保障。优良学风的形成来源于学校严格的管理，这就需要有科学健全的管理制度和管理体系作为组织保障，加强对师生群体的专业素质和道德品行培养，从而推动优良学风的建设。据此，学校应该从自身的办学理念和管理风格出发，对学校的各项规章制度不断进行完善和改革，制定出有利于促进学风建设的规章制度，将学风建设固化于制。

随着时代的发展，师生的思想行为也在不断变化，以昆明冶金高等专科学校为例，该学校根据社会需求和学生的需要，制定了一系列教学管理制度：《学分制改革总方案》《专业设置管理办法》《教学违纪处理办法》等；为完善教学质量评价制度，又制定了《教学事故的级别划分和认定办法》《听课制度》等，建立健全符合学校实际的教学质量监督和保证体系。同时注重改革创新学风评价体系和学生管理体制，通过评先推优机制，奖、贷、勤、补、免联动的激励资助机制，学生违纪处理机制，心理健康教育机制等，把学生教育管理与学风建设有机结合起来，逐步实现制度化、规范化，创造出积极向上的学风。通过这些科学的制度建设和管理，学校积极调动一切资源为学生服务，在潜移默化中对学风进行引导，逐步约束学生的不良行为，鼓励并支持学生培养独立自主的创新精神。

在进行制度文化熏陶时，学校应坚持以人为本。现在的大学生思维活跃，但也很容易敏感偏激，他们喜欢追求自我，有着远大抱负，但在现实中又缺乏刻苦拼搏精神。我们主张尊重学生，在制度的框架内给他们以自由。毕竟制度在本质上就是一种管理的手段，虽然客观上具有约束作用，但其初衷应该是激励而非约束，通过对人的行为进行调控，使人能够最大限度地发挥出自己的主观能动性。只有当制度被人们外化为自己的行为习惯时，才有可能形成有效管理，学风建设也才可能落到实处。

通过制度文化的熏陶，师生在自觉规范自身行为时，也会逐步形成一种共同的价值取向、积极向上的学习风气、和谐的校园氛围，渐渐使一所大学形成自身的优良学风、教风与校风，从而为大学校园文化建设奠定坚实的基础。

（二）坚持"以人为本"的核心价值观

以人的发展为本，是素质教育的教育哲学和教育理想。全面实施素质教育要求我们建设一种以人的发展为本的学校文化，是围绕着"人的发展"和"发展的人"的学校文化，是突出"人"字的学校文化，是"以人为本"的，而不是"以物为本"的，人是第一位的，物是第二位的，物是为人服务的。学校的硬件建设很重要，但无论如何重要，都是条件性的、附属性的、服务性的，都是为师生的发展服务的；教学仪器和设备可能价值不菲，但无论如何贵重，都是为教育教学活动服务的，当然我们需要爱护和珍惜它们，但它们只有在教育教学活动中使用、消耗、充分发挥效率才能体现出价值。

"以人为本"的文化是"人性化"的，而不是"非人性"和"反人性"的，即人性的基本需要能够得到较好满足，人的良好需求能够得到尊重，人的美好愿望能够得到理解和赞扬。在当前的社会背景下尤其需要满足学生休息的需要、游戏的需要、隐私的需要和尊重的需要。休息和游戏是学生的权利也是学生发展的正常需要，现在的学生是既缺少休息和游戏的时间，也缺少休息和游戏的自由和创意。与此相应，现在的多数学生不缺少爱、不缺少呵护、不缺少钱财，缺少的是尊重、独立还有保护自己隐私的权利。

"以人为本"的文化是"人文性"的，而不仅仅是"知识性"的，是能够提升人的修养、品性和境界的，而不是迁就人的原始性、粗俗性和劣根性的。正如张汝伦所说："通过教育传授继承下来的东西，有看得见的知识和技能，也有看不见的智慧、品位和修养，还有作为个人与国家立身、立国、立于世界上和天地间的根本道与理，终极价值与生命意义的追问与认同。"关于学校文化有一个好的隐喻，就是学校是师生的精神家园，在这个精神家园中要能够体验到心理和精神的舒适、愉悦与满足，而不是紧张和压抑；要能够体验富氧而不是缺氧的精神呼吸，要能够品味高雅而不是粗俗的精神食粮，要能够感受成长和发展的快乐和幸福，而不是体验成熟的焦虑和恐惧。

近年来，随着高等学校的办学规模逐渐扩大，大学毕业生越来越多，就业也就成为大学生面临的最大挑战。从就业市场特别是用人单位反馈的信息来看，用人单位最看中的是毕业生的综合素质。在他们看来，素质是一个人的底蕴和内涵，只有高素质才能转化为高能力。

我们提倡加强人文素质教育，其核心是通过人文观念进行教育，最终落实到学生素质的提高上来。因此，人文素质教育的重点不光是课程，还有氛围；不在于教书，而在于育人；不是简单的说教和灌输，而是在学校的文化氛围中，潜移默化、耳濡目染地实现文化浸润。在文化浸润下，学生能够树立科学的理想信念，在正确的世界观、人生观、价值观指导下端正学风，提高学习的积极性。在实际工作中，我们应该注重将综合素质培养工作贯穿于人才培养的全过程，形成理念与时俱进、学校高度重视、制度保障有力、实施手段丰富多样的综合素质教育体系；寓学风教育于德育、智育、体育、美育之中，引导学生在提升科学精神和人文素质的过程中树立远大目标，学会为人处世，学会生活学习，学会发展创新。

（三）发挥校园文化的德育功能

发挥校园文化的德育功能，应把握以下三个原则。

首先，教育性原则。古人云："百行以德为首。"人无德不立，国无德不兴。道德建设的好坏，体现着一个国家民众的精神状态，影响着一个民族事业的兴亡盛衰。道德兴，国家兴；道德兴，民族兴。学校是教育人、培养人的场所，校园文化作为学校教育的一部分，必须突出教育性特点，时时处处把握教育性原则，只有这样，才能充分发挥校园文化潜在的导向功能。高校应通过各种有效形式对学生进行爱国主义、集体主义、社会主义和中华民族精神教育，探求激发学生学习成才的规律，使学生的综合素质不断提高，在形成正确的爱国成才观的基础上提高学习成绩。

其次，科学性原则。校园文化建设是学校的一项整体工程，它涉及面广，需要调动方方面面的力量，学校应精心统筹，科学规划，合理安排，避免出现各行其是、相互掣肘的局面。例如，对于学生的课余文化生活，一要建立组织系统，从领导机构到专、兼职辅导老师，再到学生必须环环相扣；二要根据学生的年龄、知识结构、心理特点，合理安排活动的内容，基本上形成序列，以满足不同班级、不同专业、不同兴趣爱好学生发展的需要。

最后，艺术性原则。在校园文化建设中，要有艺术眼光，要让学生通过学校的设施、氛围等得到美的享受。校园环境的绿化、美化，应努力做到四季各有特点；校园建筑的设计、景点的安排，努力做到外形、色彩和谐统一，给人以赏心悦目的感觉；学校文化活动的安排，也要融教育性、科学性和艺术性于一体，努力使活动开展得新颖、活泼、有趣，使校园文化对学生产生强烈的感染力和吸引力，促使他们主动、热情、积极地参与其中，从而使他们的情操自然而然地得到陶冶，心灵在无形之中得到净化。

三、合理重构校园文化

校园文化重构是指高校在管理战略、组织结构、规章制度、人员和价值取向等方面做相应的调整，从而形成一种统一的新的校园文化。重构校园文化不是简单地否定校园文化，也不是简单化校园文化建设这个问题，更不是用来宣传和炫耀的资本，重构校园文化是教育理性的回归和理性的思考。原有的校园文化不会立即消失，仍然影响着师生的思想和行为。加速校园文化的重构可以使师生对新校园文化产生认同，进而促进学校人与事的融合。

（一）减少高校校园文化合并的阻力

实现校园文化重构的关键是对学校进行合理定位，形成共同的奋斗目标。开展丰富多彩的校园文化活动是促进不同文化融合、形成统一的新文化的重要手段。以前的每一种校园文化都有其合理性，在文化的重构与融合过程中不宜过多采用行政手段压制某一种文化，而要加强文化选择，在选出优质文化的同时要寻找不同文化的共同点、结合点，吸收不同文化的合理内核，产生新的优质强势文化，最终实现校园文化的重构。高校可以通过网络平台将多校区的校园文化整合统一起来，使多个校区间同时参与分享同一场校园文化活动，缩短各个校区之间的时空距离，增强各校区师生对学校的认同感和向心力，有效地避免人、财、物等资源的浪费。

（二）丰富实践活动文化

学校文化是学校发展的"魂"，是学校可持续发展的不竭动力。校园文化建设要求我们重新界定办学理念和办学思想。首先要明确教育的终极目标。实现什么样的教育，培养什么样的人才，这是学校文化建设要考虑的最根本的问题。校园文化是一种群体文化，它体现在学校的一切活动中。现代大学生朝气蓬勃、活泼好动，死读书、读死书有悖于大学生的身心发展规律。基于这一认识，高校应开展丰富多彩的校园文化活动，创建文明、健康、向上的校园文化环境。

环境塑造人，文化引导人。丰富多彩的校园文化活动可以营造浓郁的校园文化氛围，展现师生奋发向上的精神风貌，形成和谐的人际关系、纯正的校风。它是校园环境建设的核心内容，有利于学生良好人格的培养和学校良好风尚的形成。因此，在搞好校园硬环境建设的同时，学校要高度重视高品位校园文化的建设，精心培育积极向上的校园文化，努力完善校园环境建设，使之与校园文化软件设计相互融合、自然搭配。

第一，在活动内容上进行创新。要结合爱国主义教育、集体主义教育、社会主义教育开展丰富多彩的活动。如主题演讲、竞赛活动、班会、诗歌朗诵、歌唱比赛、为社区服务等，让学生处于德育情境中，提高自己的政治思想觉悟和政治素质；要积极开展社会实践活动和第二课堂活动，尊重学生的个性心理特征，使学生的创造力得到充分发挥，实现人生价值。

第二，在组织形式上进行创新。要充分发挥学生在校园文化建设中自我管理、自我构建、自我教育的能力，让学生成为学习和生活的主人。在教师指导下，实现学生自我评价、自我总结和自主能力的提高，这是学生可持续发展的需要，也是高校育人追求的能力目标。

第三，在评价方式上进行创新。每个人对自己的行为有自我教育、管理、评价和修正的过程。高校的课内外活动建设中应充分体现评价的客观性、教育性和方向性。教师必须改掉主观定论的评价语言，指导学生学会参照各种规章或道德准则对自己的行为进行自我评价，以提高教育活动的质量，避免因教师的主观定论阻碍学生自主性的发挥和个性的发展。

高校可以开展内容丰富、形式多样、吸引力强的各种文化活动，以重大活动助推校园文化建设。突出实效特色、时代主题、尊重师生主体地位、增进身心健康的重大活动，既能活跃校园文化氛围，又能促进校园文化建设。高校应把校园文化建设当作一种不断实践、不断完善、不断追求的动态过程，因此它其实就是教育过程和发展过程，也就是教育本身和发展本身。

（三）建设精致校园，加强校园美化

建设先进校园文化应当突出环境育人的作用，加强校园景观建设，为推动精品教育、精细管理、精致校园建设打好基础。

1.加强校园人文景观建设

加强校园人文景观建设，可形成人文熏陶、文化渗透的良好氛围。如在校园内师生员工的主要学习、工作、生活场所，设置系列雕像（或浮雕），将学校历史文化、人文精神融入人文景观建设，实现审美功能与教育功能的统一。

2.加强校园绿化美化

大多数学校现有绿化带以草坪为主，树木较少，绿植低矮，达不到"进校见绿"的效果，缺少木椅凉亭，缺少水系或喷泉，导致校园缺乏生气。因此，建议对校园绿化进行顶层设计、宏观布局，充分利用校园空间，加强绿化景观建设，建设优美校园环境。

四、推进高雅文化传播

在加强高校校园文化建设时，可以用中国和世界的优秀文学作品武装和陶冶广大学子，以高雅文化占领校园文化主阵地，使校园文学呈现昂扬向上的基调。高雅文化是精神层面的文化，它具有很强的人文品格和精神属性，时刻关注着人类的发展，思考着人类的命运，敢于直面人生，直面社会，关心现实的重大问题，意蕴丰富而深刻。高雅文化由于在内容上关注社会的深层次问题，在形式上繁复新颖，它历来是要靠受过教育特别是高等教育的人来继承、发扬和传播的。如果

学校特别是高校不去引导师生喜爱和学习高雅文化，那么这些宝贵的文化就会失传，就会萎缩，而社会的审美文化也会因此得不到提升、繁荣和发展。

（一）发掘环境文化

学校无闲处，处处熏陶人。环境不仅是学生生活的空间，也是培养学生文明素质的载体。我们发掘、利用校园的环境，形成了浓厚的立体环境文化，使一草一木、一墙一板都能说话，都起到教育人、启迪人的作用。恰如陶行知先生所言："一草一木皆关情。"学生生活在健康的、蓬勃向上的文化氛围之中，心灵自然得到洗涤，思想必然得到升华。

（二）加强大学生礼仪教育

礼仪修养体现了一个人的基本素质，同时也是一门综合性的学问，与伦理学、心理学、公共关系学等学科，与道德、宗教、习俗、民族等关系均十分密切，因此绝不能将礼仪教育与个人修养割裂开来，就礼仪谈礼仪，而应该对大学生全面开展人文素质教育，改变大学生"有知识无文化""知书不达理"的现状，真正实现"腹有诗书气自华"。同时，有条件的高校应考虑设置专门的礼仪课程，利用课堂普及礼仪知识、加强礼仪训练。

高等学校肩负着育才兴国的重要责任和使命，是大学生成长成才的重要环境。教师作为知识的传授者、文明的倡导者，在礼仪教育方面理应率先垂范。因此，无论是学校领导还是工作在教学一线的任课教师，无论是教学管理人员还是后勤服务人员，都要认识到自己在礼仪教育方面的重要作用，要身体力行，言传身教，不断提高自身的文明修养，真正做到教书育人、管理育人、服务育人。

（三）开展特色活动，充分发挥群体作用

校园文化建设的过程，就是使校园的目标文化群体化的过程。为促进这一进程，只有理性的灌输、榜样的激发是不够的，还必须有广大师生（特别是学生）的亲身实践。因此，有意识地组织一些特色活动，就变得十分必要了。

高雅艺术进校园活动形式灵活多样，内容高雅深厚，特别容易被普通高校的学生所接受，因此活动的举办一定会有意想不到的收获。"高雅艺术进校园"活动深得我国政府的大力支撑，一定会成为最具深远意义和影响力的高雅艺术活动。它能使普通高校的学生在欣赏艺术的同时接受正确的道德观教育，能够和高雅艺术亲近，从而培养一批有素质、有文化、有内涵的追随者。因此，此活动深得教育部和文化部的大力支撑与鼓励，更好地推动了高雅艺术进校园的活动开展，也使活动产生的影响力逐年递增。

高雅艺术进校园活动具有深远的文化意义，高雅文化通过普通高校学生得以传承和发扬，也对普通高校学生的艺术活动做出了不小的贡献。高雅艺术进校园活动表现的不仅是我们中华传统文化，而且演出形式灵活，内容丰富，陶冶了高校学生群体的情操。

高雅艺术进校园的活动表现形式：音乐剧、交响乐、歌剧、话剧、戏剧、艺术大师讲座、艺术名家论坛等。

五、充分利用各方资源

（一）校内资源的利用

可以说，每一所高校就是一套文化系列"丛书"，是一个资源丰富的文化场。校园文化活动无论从空间范围上，还是从内容特点上，无论从人员对象上，还是从形式方法上，都离不开对校内资源的开发利用。高校可以从以下三个方面为校园文化活动开展提供资源。

1. 校史展览馆

一般来说，每一所学校都有校史展览馆。校史展览馆是没有尽头的文化长廊，校园人徜徉在这个文化长廊中，将会增强回报母校、回报社会的责任感。新时期高校校园文化建设的新形式必须重视对学校历史资源的挖掘和利用。

2. 校园精神

校园精神是在校园文化建设的基础上，通过校园文化主体的实践活动，经过长期积淀、选择、凝聚、发展而成的，逐步为广大师生认同的共同理想和价值取向，是校园中具有特殊意义的文化教育遗产和宝贵精神财富，是校园文化的高层次境界。因此，校园文化建设需要利用校园精神这一宝贵财富，丰富其形式和内容，提升活动层次，发挥校园文化的育人功能。如果说学校历史博物馆蕴藏着丰富的文化资源，那么校园精神正是这一资源的再现和提升。校园精神是无形的，但是可以通过有形的人和物体现出来。

3. 校园环境

校园环境为开展校园文化活动提供了广阔的资源，所以校园文化建设要充分利用校内环境资源来开展。

（二）本土资源的开发

相对来说，高校大多坐落在政治、经济、文化较为发达的城市，校园文化活动的开展可以利用当地相关资源进行爱国主义教育、革命传统教育和创业教育。

1. 历史文物

利用历史文物进行国史、地方史教育，开展爱国主义教育，可使教育的过程成为与历史对话、与名人对话的过程。

2. 革命传统教育基地

高校团委、学生会可以利用假期组织学生去延安、遵义、井冈山等地进行革命传统教育和爱国主义教育。

3. 创业教育基地

高校学生处、团委可以利用各种文化活动形式和著名企业进行互动，开展共建活动。

（三）国际资源的发掘

国外高校校园活动文化有许多特征，其中最明显的特征是重视制度文化和活动文化建设。在新时期，我国高校校园文化建设要注意发掘优秀的国际文化资源，扬长避短，促进我国高校校园文化建设更上一层楼。

1. 严格管理

日本高校校园文化建设既有着发达国家校园文化建设共性的一面，也有自己的个性特色。其中以严格而出名的校园管理制度渗透到校园文化活动的每一个环节。一方面，他们在入学教育、课外活动、宿舍文化、餐饮环境等方面都有严格的规章制度；另一方面，学校通过校训对学生进行道德培养和精神塑造，采取各种措施，鼓励学生相互协作，最大限度地增强学生的民族意识，强化其使命感和责任感。因此，校园文化建设要扩大视野，增强开放性，注意学习国外高校校园文化建设的先进做法，借鉴其合理的思想，创造性地开展结合自身历史背景和文化特色的校园文化活动。

2. 一流意识

耶鲁大学的校园文化建设与学校创一流思想有关，注重关联性互动，强调素质教育。他们的校园文化活动无论是活动内容还是活动形式都与学校重视广度、深度教育协调一致。学生的聪明才智培养不以专门职业准备为目的，而是强调培养学生独立、批判的思维能力。他们通过校园文化活动培养学生的团队精神和社会责任意识，注重强健体魄，培养勇猛精神。耶鲁大学校园文化建设与创一流大学思想协调一致，有助于提高学生的整体素质，也可以为我国高校校园文化建设提供有益的借鉴。

六、创新校园文化建设形式

在快速开放、复杂多元的现代社会，在知识生产、传播、运用的周期越来越短、知识陈旧的速度越来越快的信息时代，学习已成为各类社会组织和机构的基本社会适应行为，也成为每一个社会成员立足和生存、发展和升迁的社会适应行为。学校是有目的、有计划、有组织的大规模学习活动开展的特定空间，更应该首先成为学习型的组织，更应首先建立学习型的文化。学校应成为主动学习、不断学习、终身学习的教育基地和服务中心，应不断培养出热爱学习、善于学习、终身学习的合格公民。

（一）高校校园环境建设创新

环境是校园文化的物质表现形式，它往往把艺术、思想和人文精神整合在一起体现出来。作为物质化的环境，客观表现在人们的面前，让人看得见、摸得着，比较固定直观和客观实在，它的建设和管理，直接反映出学校的办学水平和办学思想。它是一个无声的课堂，对陶冶学生情操、审美观，对心理素质培养和知识面的拓宽，对学生的成长产生巨大的影响。因此，校园的总体规划，建筑群、绿化带、雕塑、精品园、活动场地、生活区、学习区和运动区的整体布局、设计和装修配置要进行创新，使之符合时代发展的要求。对于品位不高、质量不好、呆板单一的环境应有计划、有意识地予以创新和改造，使之符合环境建设创新的三个特征。

1. 教育性

先进的校园文化建设应用先进文化充实学生的文化底蕴。因此，环境建设目标应考虑对师生进行爱国主义教育、集体主义教育、社会主义教育、公民道德教育，使环境建设成为德育渗透的良好载体。如在花草中嵌入伟人名人的石膏头像和名言，在校园里建立校园标志，在建筑物墙上书写名句警句，在读书廊里挂上名人书画，为广大师生创建文明、高雅、进步的校园文化环境，使师生置身于知识的海洋。

2. 艺术性

校园建筑整体规划和设计布局应合理有序，让全体师生感受到这是艺术性设计的体现。平坦的操场让我们能感觉心静如水，具有平面美；独特的建筑造型给予我们美的享受。这种环境建设的艺术性能净化人的灵魂，陶冶人的情操，使人更加热爱生活，塑造学生正确的世界观、人生观、价值观。

3.情感性

校园文化建设的先进性体现在校园进步的思想、道德、文明和精神上。环境建设中物化的客观实在富含人的情感，我们必须进行研究和挖掘，使物化的客观实在和人的情感进行连接，产生交流和共鸣，从而使环境建设成为育人的主体之一。如在墙上写上标语，让墙壁说话；在花草树木中树立写着保护环境类标语的指示牌，让人亲切感动；升旗台上的国旗让我们深怀对祖国的热爱之情；宣传栏里的光荣栏无声地告诉我们努力就会成功；甚至一份嵌在建筑上的设计说明也能激发我们的思维和建筑物进行情感交流。以往，在实际的建设规划中，人们往往强调如何保持和体现出某种设计的流派风格，而如今，我们则应该在继承传统建筑风格和校园原有风格的同时，着重强调如何体现出学校的发展目标和办学特色、教育与教学目标、学科建设规划和学校事业发展规划等诸多元素与环节。

应该说，这是一个建设规划立足点的转变问题。具体来说，高校校园及其建筑的品质，不仅要体现出特定的地域性、历史性、文化性、艺术性等，而且它还要体现出人才培养的特色，这些体现即校园规划建设理念的创新。同时，在校园规划与建设中，我们还应具有开放意识，突出公众参与理念、特色理念以及人文关怀理念，突出高校的办学特色和办学理念。

（二）高校校园实践活动创新

大学生是参与社会主义市场经济建设、促进教育改革的积极因素。社会实践活动可以引导青年学生了解社会，了解国情，坚定走中国特色社会主义道路的信念；引导学生增强责任感和使命感，树立正确的世界观、人生观、价值观，提高学生的综合素质；充分发挥学生的知识和智力优势，培养学生的劳动观念和奉献精神，增长才干，完善知识结构，增强辨别是非的能力，培养良好的实践能力和思想品质。学校把生产劳动和社会实践作为一项重要课程列入计划，是推进素质教育的重要举措。

随着信息科技的迅猛发展，计算机网络已走入千家万户。大学生是新时代青年的佼佼者，更容易接受新鲜事物，如今微博、微信的使用都已成为他们日常生活的一部分。网络是一个巨大的文化信息库，并处于不断更新变化之中，大学生可随时随地从网络中筛选有用信息。网络的特点与校园文化的特性十分吻合，它的超地域性、开放性、选择性、创造性、教育性，甚至批判性等都对校园文化产生了巨大的影响，使校园不再是一个相对封闭的场所。它不但丰富了校园文化的内容，而且拓宽了校园文化建设的途径，对校园文化建设具有重要的促进作用。在充分发挥网络对校园文化建设促进作用的同时，我们还应清醒地认识到，网络是一把双刃剑，网络也会对校园文化传递负能量，带来消极影响。许多大学生热衷于网络交往，却忽视了现实交际。网络还改变了大学生的固有价值观念，弱化了大学生的道德意识。因此，我们必须引导大学生在张扬个性的网络环境中把握好分寸，掌握好尺度，形成良好的网络道德。

为提高健康高雅的校园网络文化对学生的感染力和影响力，进而达到提高学生综合素质的作用，高校可根据学生的专业特点和兴趣爱好，开展电脑网络知识大赛、电脑软件展示大赛、电脑技能大赛、个人主页设计大赛、电脑美术设计大赛等，使科技活动在信息领域得以深化和拓展，培养学生的创新精神，提高学生的创新能力。同时，通过引导学生参与网络文化建设，使他们对网络生存方式和现实生活的关系产生正确认识，发挥网络文化的教育功能。另外，还可通过组织 IT 校园行、网上冲浪等活动，丰富学生的课余文化活动。高校还应加强对网络信息的监控和舆情分析，面对浩如烟海、良莠不齐的网络信息，进一步建立完善的管理规范，依靠技术手段对各类不良信息进行技术把关、过滤。如对校园网上可能出现的过激言论及时给予纠正和引导，针对一些热点问题要善于从学生的视角、以学生的观点、用学生的语言提出正确的见解，从而实现对大学生的正面引导。

高校还应成立社会实践活动领导小组，对全校的社会实践活动进行统筹协调、督促指导、考核评估，宏观管理学校社会实践活动工作；要建立社会实践活动管理的长效机制，定期研究、处理班级反馈的信息，做好社会实践活动的时间、课程设置和指导考核等工作。班级要建立社会实践活动工作网络，建立健全组织管理机构，吸纳有意愿的大学生参加；要主动与学校所在地的纪念馆、商场、企事业单位、社区等取得联系，通过多种渠道和形式，建立一个相对固定、便于学生开展活动的社会实践活动联系点，为学生的发展提供广阔的空间和必备的条件；要主动向学生宣讲开展社会实践活动的意义，争取学生对此项工作的支持和配合。

（三）高校校园制度建设创新

校园制度是校园文化的重要组成部分，是学校对学生进行教育及塑造的规章制度。它包含各种行为规章、制度、规定，如《教师职业道德》《教师年度考核细则》《学生奖惩规定》《教育教学科研制度》等，制度建设保证了校园生活各个领域的活动能有序地进行。因此，在新形势下，校园制度建设必须创新，使之适应当今社会的发展。

1. 校园制度建设创新要体现先进性

由于思想认识层次的不同，人的行为表现也有所不同，因此，制度建设要体现社会先进性的要求。学校在校园文化建设中应适应时代要求进行精心计划和设计，提出学校的近期、短期、远期发展规划，明确学校发展方向，树立起学校全体师生的共同目标、共同理想和共同思想观念，促使校园制度建设的创新。

2. 加强校园制度建设进程中的群众参与性

校园制度建设进程中要加强群众参与性，要充分发扬民主精神，体现群众性的要求。如规章制度可让师生参与制定、修改，然后形成初稿，再征求意见，最后讨论定稿；有关学校整体管理和教师管理的制度可提交教代会表决通过；有关学生管理的可交学生代表大会讨论表决。一种制度的形成集中了每个参与者的思想认识，制度形成的过程也是参与者自我提高的过程，制度执行的过程也是文化建设的过程，对强化育人功能和提高师生执行规章的自觉性有着重要的意义。制度建设的群众参与性还表现为制度实施的群众性。加强校园文化建设，优化育人环境还需要学校、社会、家庭的密切配合，只有大家都重视校园文化建设，以人为本，环境育人的功能才会真正得到加强，学生才能健康发展。

3. 加强民主办学建设创新

第一，学校要努力探索民主管理模式，不断提高学校管理效能，充分发挥教师、学生、家长和社区在学校管理中的民主参与和监督作用，形成多元化学校管理模式；要积极培养教师的主人翁意识，利用校园网络及其他途径让教师知晓学校发展规划、学期工作计划、周工作安排，及时了解和掌握学校工作动态，并通过与学校领导对话、座谈会、教代会（学校职工代表大会）等形式，让教师对学校各项工作提出建议，为学校的发展献计献策，形成共商共议、和谐共荣的管理氛围。

第二，学校要发挥团代会、学代会及学生自主管理委员会的作用，认真落实学生的合理提案，充分调动他们参与学校民主管理的主动性、积极性。

第三，学校要广泛利用校外资源，为学校的发展提供外部动力，拓宽学生社会实践的渠道，使教师的课堂设计更精彩，学生的学习主动性更强。

第四，学校要坚持以教代会为基本形式的学校民主管理和民主监督制度，不断完善学校管理机制，增强管理透明度。

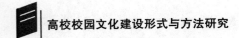

4.加强制度建设，坚持依法治校

学校要认真制定并严格执行各项管理制度，坚持依法治校，提高教职工的自觉性；要努力探索理性管理与人性化管理的最佳结合点，不断向精细化管理方向发展，进一步规范、优化学校管理；要建立科学的激励机制，认真实施人事分配制度改革，确保改革平稳有序地推进。

第六章　高校校园文化建设与大学生能力培养

"立德树人"是新时期党和国家关于培养人才的核心理念，同时也是大学生思想政治教育的核心任务。本章分为大学生政治素养的培养、大学生实践能力的培养、大学生创新创业能力的培养、大学生艺术修养的培育四部分。

第一节　大学生政治素养的培养

一、政治素养的内涵

有学者将"思想政治教育"定义为一定的社会或社会群体共同运用的思想理念、政治观点和道德标准对社会成员有意识、有规划、有秩序地进行影响，使他们形成统一的社会所需要的思想品德的社会实践活动。

思想政治教育是学生学习科学理论、培养理性思维、提升道德素养的关键阵地，承担着培养学生形成科学的政治认同素养的重要任务。教师引导学生形成政治认同素养，其实就是通过思想政治课教学，激发学生学习政治理论知识的兴趣，在此前提下慢慢形成对我国社会政治制度与意识形态的充分理解。这种政治认同素养能够具体表述成，学生在学习思想政治课程之后，能够在真正意义上理解中国共产党的领导是中国特色社会主义最根本的特征，肯定并积极践行社会主义核心价值观。在教学时，教师应该逻辑清晰地讲解理论知识，激发学生学习我国社会制度与意识形态的热情，通过挖掘经典政治理论的科学性来激发学生的学习兴趣，避免对学生实施枯燥的政治理论讲解。

二、政治素养培养的原则

（一）方向性原则

方向性原则是指大学生思想政治教育的全部活动要始终与社会发展的要求相一致，坚持正确的政治方向不动摇。当前，方向性原则主要体现为大学生思想政治教育要旗帜鲜明地坚持社会主义和共产主义方向，坚持党的基本路线，要与中国共产党的纲领与宗旨相一致。坚持方向性原则对大学生思想政治教育活动具有非常重要的意义。首先，只有坚持方向性原则，才能保持无产阶级思想政治教育的本质特色。其次，只有坚持方向性原则才能统一人们的思想与行动，充分发挥思想政治教育的作用。再次，坚持方向性原则是实现思想政治教育价值的根本要求。最后，思想政治教育价值的实现与否，必须以教育目的的实现程度和方向性原则的贯彻程度来衡量。

（二）求实原则

求实原则是指大学生思想政治教育要始终坚持"理论联系实际，一切从实际出发，实事求是"的思想路线和原则。求实原则体现了一种科学的工作态度。思想政治教育是一项实实在在的转变人的思想的工作，任何华而不实和不切实际的做法都难以取得良好的教育效果。大学生思想政治教育的一个重要特点就是具有针对性，要做到这一点，教育者必须遵循实事求是的原则。教育者在进行思想政治教育的过程中，必须从社会发展的现实和受教育者的思想实际出发，运用马克思主义基本原理去解释分析社会问题和受教育者的思想问题，并从中寻找解决问题的基本规律，指导大学生思想政治教育活动。

（三）民主原则

民主原则是指在大学生思想政治教育中，尊重学生的主体地位，尊重其人格和民主权利，创造条件让大学生充分发表自己的意见并加以正确的引导。民主的实质是平等。大学生思想政治教育中的民主就是指教育者与受教育者双方在充分尊重对方的人格和民主权利的前提下，创造条件让双方充分表达自己的思想和意见，并在此基础上正确处理相关问题，共同完成大学生思想政治教育的任务。大学生思想政治教育并不能直接作用于人的行为，而是先通过错综复杂的心理品质作用于人的意识，转而影响其行为。作为教育对象的大学生一般都是青年，他们的自我意识已经渐趋成熟，对自己以及自己和周围的关系开始有了独立的认识和评价，较少盲从，主体意识明显。因此，大学生思想政治教育的成效，在很大程度上取决于教育对象对教育内容的关心、思考和理解的积极性和主动性是否被调动起来以及被调动的程度。因此大学生思想政治教育必须坚持民主原则，突出学生的主体地位，教育者与受教育者要平等交流思想，互相尊重，创造民主、平等、和谐、生动、活泼的教育环境和氛围。

（四）教书与育人相结合原则

教书与育人相结合原则是大学生思想政治教育工作的一项基本原则。所谓教书与育人相结合，是指教师在教学过程中，通过各种教学活动和各个教学环节，全面提高学生的素质和能力。教书与育人相结合原则的贯彻实施要做到以下两点：第一，寓思想教育于教学之中；第二，要正确处理思想政治教育和大学生学习活动的辩证关系。

（五）政治理论教育与社会实践相结合原则

这是我们党长期以来，特别是改革开放以来，对大学生思想政治教育工作新经验的科学总结，具有鲜明的现实性和针对性。大学生思想政治教育既要注重理论教育，又要注重实践教育，强调行为养成，实现知行统一。理论教育是思想政治教育工作的基础环节，要增强大学生理论教育的效果，就要从不断改进学习的方式、方法和载体入手，要生动活泼，讲求效果，要入情入理，用事实来教育学生，通过相应的图片和声像，采用学生喜闻乐见、愿意接受的活动形式来宣传思想理论，提高大学生的马克思主义理论水平。但理论来自实践又指导实践，只有在实践中才能充分表现出其价值与魅力。通过组织大学生参加社会实践活动，能进一步加深他们对理论的认识，巩固和强化理论教育的成果，真正提高他们的思想觉悟和认识能力。

（六）灵活变通原则

在高校思想政治教育过程中坚持灵活变通的原则，其实质是要求将思想政治教育目标和内容的规定性与思想政治教育过程和方法的灵活性有机结合起来。大学生思想政治教育过程是沟通思想和交流情感的过程，是用正确的思想和真挚的情感影响和感化教育对象的过程，而人的思想和情感的丰富性和复杂性就决定了在进行思想政治教育的过程中，必须避免生硬、呆板、简单、一刀切的倾向，必须根据教育对象的思想实际和个性特征，有针对性地、灵活变通地来安排教育的情境和选择教育的方法。灵活变通原则还要求大学生思想政治教育要根据时代的变化和思想政治教育任务的变化，以及大学生求新求变的思想特点，不断地解放思想，与时俱进，跟上时代发展的步伐，不断地探索新规律，创造新方法。

三、政治素养培养的目标

（一）提高科学素养

思想政治属于一门兼具理论科学性与实践引领性的学科，其教学目的不只局限于对学生进行单纯的政治理论讲授，而是在理论讲授的前提下，培养学生使用已经掌握的理性精神对社会现象进行深入分析和解决问题的能力。实际上，理性精神重点是指人们在认识世界的过程中所凸显出来的自主能动、理智辩证、反省归纳等科学的思维品质。思想政治课教学所培养的理性精神素养，重点是指提高学生思考问题的科学性，使其慢慢形成综合运用马克思主义哲学的观念与方式展开思考的品质，使其形成用马克思主义哲学的观念与模式了解情况、分析本质、掌控冲突、解决问题的能力，使学生在面对社会生活过程中遇到的问题时，可以做出理性的表述、理智的分辨与正确的选择。对于培养学生理性思维素养的目标，教师应该充分创新设计可以锻炼和提升学生思维能力的教学情境，重视学生的主体地位，发挥学生的创造力，促进其理性思维素养的形成。

（二）提升法治意识

思想政治课教学的目标就是经过政治理论知识的讲解，将学生培养成优秀的社会公民。党的十八届四中全会指出，我们要全面推进依法治国，积极推动全社会树立法治意识，把法治教育纳入国民教育体系和精神文明创建内容。这里的法治意识重点指的就是人们对社会法律的认可、尊重与服从，凸显了人们有关法治的思想意识、知识理解以及所持态度。其中最主要的内容是权利义务意识、行为意识等。

（三）提升政治意识

提升政治意识其实指的是通过思想政治课的讲解，在加快学生形成良好的法治观念的前提下，逐步使其形成懂法、遵法、守法、用法的积极法治意识素养。通过思想政治课程的学习与感悟，学生可以体会法治精神的含义，进而对法治精神进行自我吸收，明确行使权利与履行义务二者之间的关系，逐步树立正确的法治意识，从而更加坚定自身的法治信仰。

（四）提升主动参与意识

思想政治课的教学目的就是在对学生进行理论知识讲解的过程中，引导学生具体准确地认识社会，学会参与社会生活的有效方法，加强社会公共参与能力。

其实，公共参与指的就是公民自觉地运用科学的方法，在参与社会公共事务或者国家治理活动过程中，不断探索公民应承担的社会责任，确保社会公共利益不被侵害。要想培养学生的公共参与素养，重点是利用思想政治课教学，让学生形成参与社会生活的主动意识，不断提高其参与社会生活的实践能力，从而使其成为有责任感、理智的社会公民。

四、政治素养培养的方法

（一）过程方法

组织要想有效运行，就必须对许多相互关联和相互作用的过程进行识别和管理。通常情况下，过程是连续不断的，一个过程的输出将直接成为下一个过程的输入，从而形成过程链。运用这一管理手段，能有效地提高组织的竞争力。过程方法的基础是"所有工作都是通过过程来完成的"。每个过程都有输入，输出便是过程的结果。任何一个组织的存在都是为了实现其不同的效益（包括经济效益和社会效益），这些效益是通过一个过程网络来完成的。任何事情基本上都是由主要矛盾与次要矛盾构成的，均有矛盾的主要方面和次要方面。过程方法要求我们首先要确定所有过程中的主要过程，然后确定过程之间的"接口"、过程与过程之间的关系等。一个组织要想取得理想的管理效果，就应该按照过程方法来建立一个质量管理体系，利用这一体系使组织以最高效的方法实现管理目标。过程方法体系要求组织首先识别实现目标所需要的过程，然后了解过程中的内在依赖关系，关注并确定体系内特定过程应如何运作，最后通过测量和评价持续改进体系。

（二）系统方法

系统是由相互联系、相互依赖、相互作用的若干组成部分结合成的，是具有一定结构和功能的有机整体，具有整体的结构、整体的特性、整体的状态、整体的行为、整体的功能等。系统论认为，世界万物皆系统。系统具有三个基本特征：①系统是由若干元素组成的；②系统中各元素相互作用、相互依赖；③元素间的相互作用使系统具有特定的功能。

所谓系统方法，就是根据系统的观点，从整体出发，辩证地处理整体与部分、结构与功能、系统环境功能与目标的关系，找到既使整体最优化，又不使部分损失过大的方案作为决策的依据。系统方法要求人们把对象和过程视为一个相互联系、相互作用的整体，并且尽可能对整体做形式化处理。

第二节 大学生实践能力的培养

一、实践能力的含义

实践能力是人们频繁使用却较少深究的一个概念，教育界、学术界向来也偏重研究人们的认知能力，而忽视研究人们的实践能力。实践其实是西方哲学的核心概念，实践也是马克思主义哲学首要的、基本的观点。毛泽东在《实践论》中写道："马克思主义者认为人类的生产活动是最基本的实践活动，是决定其他一切活动的东西。"依据《现代汉语词典》的词义解释，"实践"中的"实"是实际的意思，"践"是踩踏的意思，"实践"合在一起就是实际踩踏的意思，引申义有实行、履行等。在中国传统文化里，行的概念相当于实践，知与行的关系相当于现在说的认识与实践的关系。知行合一，也就是说的理论与实践的统一。在英语中，实践也有行动、履行、执行、做某事的意思。学界、学者从哲学、心理学、教育学等领域对由实践和能力组成的实践能力展开了多方面的研究。马克思主义哲学认为实践能力是个体完成特定实践活动的水平和可能性。心理学认为实践能力是保证个体顺利运用已有知识、技能去解决实际问题所必须具备的那些生理和心理特征。教育学认为实践能力是个体解决实际问题的能力。学者刘磊、傅维利认为："实践能力就是对个体解决问题的进程及方式上直接起稳定的调节控制作用的个体生理和心理特征的总和。"学者吴志华、傅维利认为："实践能力是个体在生活和工作中解决实际问题所显现的综合性能力，是个体生活、工作所必不可少的，它不是由书本传授而得到的，而是由生活经验和实践活动磨炼习得的。"学者何万国、漆新贵综合其他学者的研究，分析认为："实践能力是相对于认知能力而言的，是运用知识、技能解决实际问题的能力。这个概念包含了四层意思：第一，相对于认知能力而言，实践能力是能力的重要组成部分；第二，实践能力活动的对象包括生活、工作和社会活动等各个领域；第三，实践能力的形成是个体在后天实践中习得的；第四，运用知识、技能解决实际问题的主体参与式实践活动是实践能力形成的本源，策略性知识的创造性运用对形成创新能力至关重要。"

二、培养大学生实践能力的五个平台

（一）课堂教育

课堂教育要改革传统的教育观念，以课程为载体，以教学为中心，以课堂为主渠道，以培养学生的实践能力为目标，社会、学校、教师、学生多方面努力，形成合力，努力培养全面发展的社会主义事业的建设者和接班人。

首先，以培养学生的实践能力为目标，即一切的课程都以实际需要为指导。我国现行的大学课程都以专业进行区分，如计算机、英语，在这些课程中，计算机编程特别枯燥，英语的语法也没有趣味可言。按书本安排的章节顺序进行讲解，或许并不是最好的方法。在符合学校规定的情况下，教师可以灵活地将各章节的内容进行调整，与实践配合，以社会需要为标准进行考核。在给学生布置的作业当中，教师也可以设置一些有意义的题目，比如写一篇英文的自我介绍，分析自己的优点，让学生写出来的是真正可以在现实生活中使用的东西。在计算机课程中，让学生编写一个聊天程序比编写一个排序算法更有意义，考查的内容也更多。在编写程序的过程中，学生自己就会去查找资料，了解编写聊天程序时要用到的各种协议。以项目带动学习，会逐渐成为一种教学趋势，是以后课堂教育的改革方向。

其次，营造轻松的课堂气氛，有利于学生提高学习的效率。要营造轻松的课堂氛围，教师必须对所从事的教学事业有足够的热爱，集中精力研究教材内容，想方设法地提高课堂的活跃度，在课堂上对表现活跃的学生进行提问，对他们正确的回答进行肯定和赞扬，提高他们的积极性。对不积极回答问题的学生，也多提问一些简单的问题，使他们产生自信心。教师应灵活地维持课堂秩序，允许学生之间进行讨论，即使讨论比较激烈，也不应该批评学生；要把学生当成自己的朋友，帮助他们学习，帮助他们上进；在课堂上，也应该将学生不知道的最新公开的科研成果进行披露，激发他们学习的兴趣，培养他们学习的主动性，促使他们努力学习，为以后的工作、学习打下坚实的基础。

总之，课堂教育的革新迫在眉睫，多让学生读书，多让学生观察，多让学生动手，多让学生表述，多让学生质疑。这样解放了学生的眼睛，创造了观察的机会；解放了学生的嘴巴，创造了表达的机会；解放了学生的双手，给予了操作的机会；解放了学生的时空，提供了表现自我的机会。让每一个学生都快乐地学习，让课堂充满爱。

（二）校园教育

大学校园是大学生四年学习生活中接触最多的场所，因此校园教育是培养大学生实践能力方面非常重要的一环。健康而良好的校园氛围能够让学生更加集中精力去学习，而不健康的校园氛围会使学生对学习失去兴趣，慢慢地开始旷课，最终可能误入歧途。丰富多彩的校园生活对于培养学生的良好的道德情操、正确而高尚的兴趣爱好、积极而正确的价值取向有着决定性作用。很多大学生在走入社会后表现出优异的组织协调能力，都是在大学时期得到充分锻炼的结果。他们在参与校园活动的过程中磨炼自己的心性、锻炼自己的团队协作能力，最终在走向社会、步入工作岗位之后，凭借优秀的工作能力成为所在企业的重要角色。

（三）社会教育

广义的社会教育指的是与学校教育、家庭教育并行的影响个人身心发展的社会教育活动；狭义的社会教育指的是社会文化教育机构对青少年和人民群众开展的各种文化和生活知识的教育活动。

社会教育是一种灵活的教育，具有深刻性、丰富性、独立性、形象性的特点，比学校教育有一定的优势。协调社会教育力量可培养学生积极参与社会活动的能力，能将分散的、自发的社会影响引入正轨。

承担社会教育责任的机构包括：文化馆、少年宫、图书馆、博物馆、纪念馆等，还有一些社会媒体也参与其中，包括报社、出版社、电视台等。

社会教育是大学生实践能力培养不可缺少的一项内容，它可以弥补学校教育的不足，满足大学生课堂教育和学校教育之外的要求，有利于对大学生进行思想品德教育，有利于大学生增长知识、提高能力，丰富精神生活，有利于培养大学生的兴趣爱好和特长。

高校应积极组织大学生走向社会，参与社会实践活动。如组织大学生到社区清扫街道；聘请社区的工作人员讲解社区近些年来所发生的翻天覆地的变化，大学生通过参观、考察，体验社区所发生的变化；在参观军营和派出所活动中，让大学生体验解放军战士、人民警察为保卫祖国、保障社会安全稳定，不怕苦、不怕困难的精神；组织大学生走进企业参观，在参观企业时，大学生可以参观企业的流水线，听企业管理人员讲解企业的发展前景，安排专门的时间让大学生参与企业生产活动，让大学生自己动手制作一个成品出来，激发大学生动手实践的欲望。

（四）虚拟教育

随着计算机产业的蓬勃发展以及互联网时代的到来，高等教育的电子化呈现快速增长的势头。虽然基于计算机技术的远程教育已经出现了很长一段时间，但直到 20 世纪 90 年代远程教育才形成一股大潮，成为一种产业。远程教育也已经不是新生事物，课本、图像、音频和视频等都可以借助互联网进行实时电子化传输。

虚拟教育既是对学校教育的补充，又是对学校教育的升华。大学生在正常的学校教育之外，可以利用虚拟教育，继续深入地学习课堂知识，利用多媒体课件的交互界面，使学习过程更加轻松，学习效果更佳；也可以利用虚拟教育，进行专业的知识培训，比如各种资格考试的培训，大学生通过网上银行进行在线缴费之后，就可以进入授课界面，由网络另一端的资深教师讲解学习方法和考试要点。还有一些技能培训也可以通过虚拟教育实现，一般常见于计算机行业，比如 Java 培训等。大学生不仅可以在线学习，如果没有听懂也可以再听一次录制的视频，达到零成本的资源复用，这一优点是课堂教育无法提供的。

虚拟教育的优势不仅仅体现在便利性这一方面，也体现在节约教育成本、降低教育经费的层面上，比较典型的就是虚拟现实。虚拟现实中的"现实"是泛指在物理意义上或功能意义上存在于世界上的任何事物或环境，它可以是实际上可实现的，也可以是实际上难以实现的或根本无法实现的。而"虚拟"是指用计算机生成的意思。因此，虚拟现实是指用计算机生成的一种特殊环境，人可以通过使用各种特殊装置将自己"投射"到这个环境中，并操作、控制环境，实现特殊的目的，即人是这种环境的主宰。虚拟教学就是利用虚拟技术模拟难以讲解的教学场景，并使之可视化和可参与化，能让大学生更好地学习到相关技能。数字图像的虚拟现实技术可以使枯燥的表格、数字、程序、手术、安装流程等变得生动而有趣，虚拟实验能将若干知识点串联起来，起到汇总和系统化的作用。提高教学质量，降低教学成本。

总的来说，虚拟教育实现了人们以前无法做到的很多功能，让无法实现的场景再现，并且十分逼真，不需要花费太多去购置很多实物，就可以达到预期的效果。在经费有限的情况下，高校可以利用虚拟实验室等软件做很多实验，对于大学生实践能力的提高有非常重要的意义。

（五）家庭教育

家庭教育是大学教育的组成部分之一，是学校教育与社会教育的基础。家庭教育是终身教育，它开始于孩子出生之日（甚至可上溯到胎儿期）。婴幼儿时期的家庭教育是"人之初"的教育，在人的一生中起着基础性作用。孩子上了小学、中学后，家庭教育既是学校教育的基础，又是学校教育的补充和延伸。

要培养学生的实践能力，没有家庭是万万不能的，家庭在学生实践能力培养的过程中扮演了重要的角色。家庭是每个人的第一个后天环境，是人性格形成和完善的重要阶段，是保证人能够健康成长的温室。家长在培养孩子的过程中，要注重培养孩子的动手能力，对孩子不可过分溺爱，而应该鼓励其参加社会活动，提高实践能力。

家长要摆正自己的位置，将孩子的教育当作自己的工作重心来做，在所有的教育工作中，孩子的实践意识和实践能力的培养是最重要的。家长要鼓励孩子，在每参加完一次活动以后，对孩子进行表扬和奖励，将孩子在活动中表现出来的不足要委婉地告诉孩子。不可打击孩子的自信心，亦不可一味地夸奖孩子。

三、培养大学生实践能力的途径

（一）教学实践

教学实践，是相对于教学理论而言的，是学生培养体系中必不可少的一部分。教学实践是检验学生学习状况、实践能力的最佳手段，学生在教学实践中的表现是学生是否灵活掌握理论知识的依据。教学实践的内容有多少，教学实践环节中所用到的设备的多寡，直接说明了一个学校的综合实力。

学校应该在教学实践方面多下功夫，主要有以下几个方面：

第一，加大人力物力的投入，保障教学实践的正常运转。学校应该加大人力物力的投入，培养一批高素质的青年教师，明确岗位职责，改善师资结构，推动教学实践工作的顺利开展。学校还应该加大财力的投入，解决教学实践中的经费问题，只要是对教学实践有益的工作应采用"特事特办，特事特批，简化流程，走绿色通道"的工作方针，在保障教学实践正常运转的工作上始终保持积极的态度。

第二，理论联系实际，实践也要围绕教学理论展开。教学实践的内容应该根据专业进行规划和限定，由资深的教师和有经验的专家进行论证，将教学实践的内容限定在合理的范围内，既能保证有限的投入，又能够起到应有的效果，收到实践推动理论的效果。

第三，完善考核制度，建立优胜劣汰模式。高校要完善考核制度，对教学实践的参与者实行淘汰制度，即考核不达标者限期整改，将多次不达标者进行淘汰，避免其无端地占用社会的教育资源，将多余的资源分给考核中表现突出的参与者。这样的模式能够促进参与者积极进步，努力工作，避免尸位素餐的不作为情况发生。

第四，提高教学实践的回报价值。高校应努力实现产学研的整体化，在完成教学实践任务的同时，也实现一定的经济价值，对教育形成一定的刺激作用，继而形成一个良性循环。

（二）社会实践

社会实践是大学生在学校生活之外的活动，是大学生走出校园、进入社会、在社会活动中贡献自己力量的活动，能够使大学生缓解学习压力、增长社会见识，是提高大学生实践能力的重要途径之一。社会实践的目的是让大学生在服务社会的过程中将自己所学到的知识进行应用，加深对某一行业的认识，加强对所学专业的应用前景的了解。

大学生在校期间参加社会实践，如勤工助学活动，能够培养自己的良好的道德情操，在实践的过程中养成踏踏实实、谦虚好学的品格，能够促进大学生综合素质的全面发展。通过兼职获得一定的经济报酬也可以让大学生了解到赚钱的不容易，养成节俭生活的好习惯。

勤工助学只是最基本的社会实践方式，对于大学生来说也最容易参与其中。其他的如家教、支教、社区志愿者等，都是很好的参与方式。社会实践这一环节，只要学生主观上愿意参加，就能够获得实践的机会，在社会中得到教育，增强社会使命感和历史使命感。参与社会实践是我党提倡"理论联系实际"的优良传统和工作作风的具体表现，也是我党教育方针的重要内容。另外，参与社会实践能够帮助大学生在服务的过程中实现自己的价值，有助于大学生对自己的未来做好清晰的规划。

我国高校人才大多没有参与过社会生产，容易将社会想得简单化、书本化、理想化，对于社会认识不足。在参与社会实践的过程中，大学生能够认识到理想和现实的差距到底有多大，有利于大学生在以后的工作中脚踏实地、勤奋工作。同时，能够给大学生一定的危机感，迫使大学生对自己的未来早做打算，迫使大学生重视自己的社交能力，改变"以自我为中心"的不成熟的做法，形成正确的就业观，为以后进入社会打下基础。

课堂教学与课外活动相结合是培养大学生实践能力的最根本的路径，因此我们一方面不断尝试、摸索，在课堂教学中进行大学生实践能力的培养，教师的教学观念、教学内容、教学方法、教学手段、教学形式都围绕能力培养进行改革。在课堂教学中，强调学生的主体地位，教师起主导作用，改变以知识传授为目的的单一的"灌输—接受"教学模式，将重心放在提高学生的学习参与度上，指导学生的实践操作，改变填鸭式、灌输式的知识传授方式，改变"一言堂""满堂灌"的教学方法，大量采用启发式、讨论式、探究式、参与式、体验式、案例式教学，进行专项技能训练，尝试项目植入教学，进行"翻转课堂"试验等。在教学过程中，教师广泛运用图片、影像、实物、多媒体教学等直观教学手段，增强学生的感性认识，营造独立思考、自由探索、勇于创新和实践的学习环境。

（三）实验实训

实验实训包括实验和实训两部分。实验是学生在学习到理论知识后，掌握了某种规律，并通过实际操作对知识和规律进行验证的过程。这个过程包括视觉刺激、听觉刺激、触觉刺激、感官刺激等多个方面，能够让学生形成深刻的印象，对于理论和实际的结合有莫大的帮助。实训就是实践和训练，二者是统一在实训的过程中的。实训有校内实训和校外实训之分，通过参加实训可以大幅度提高学生的动手能力。校外实训的作用更加明显，学生通过在工厂和企业实际生产环节中进行参与和学习，能够提高自己对将来所要从事的工作的认识程度。学校应该扩大实习的范围，积极和周边的企业合作，建立融洽的校企关系，为学生实习营造一个良好的外部环境。

学校应加强校企合作，由企业提供实习基地，由学校提供理论指导，企业参与学校的教学计划制订，并指派专业人员作为学校的专业教学辅导员。校企双方互相聘用，节约教育资源。即企业将优秀技术人员安排到学校与学生面对面地进行技能交流，让企业的工程师走上讲台给学生授课；同时学校教师走进企业，为企业员工进行理论培训，提高员工的理论素质。通过校企双方的互聘，使学生在教学中获得技能训练的机会，获得与一线工作人员面对面接触的机会，向他们学习实践经验和社会经验。这既是提高学生专业技能的过程，也是为企业生产产品、创造价值的过程；既解决了学校的实训材料经费紧缺的问题，又练就了学生过硬的本领。校企合作使企业得到了人才和劳动力，使学生学到了技能，使学校得到了发展，是一举多得的好事情。

学校应建立和健全校内实训基地。校内实训基地是学校开展实践教学的重要场所，加强校内实训基地建设是高校的工作重点，不仅能够改善办学条件、彰显办学特色，而且可以提高办学质量。实训基地建设完成后，由学校教务处和各系部共同验收，教务处宏观协调，各系部自主管理。校内实训基地应配置相应的专业技术人员进行管理，并建立科学、有效的人员管理制度，明确相关的岗位职责。专业管理人员要有高度的责任感，维护保养好实训基地设施，接受实践教学任务后要根据实践教学大纲的内容和要求认真做好准备工作，协助指导教师圆满完成实践教学任务。在教学过程中，实训基地的教职员工和管理人员要保证校内实训基地的正常运作，及时完成对实训教学任务书、实训项目开支情况、实训结果、对外开放程度等基本信息的收集、统计和汇报工作。

（四）家庭磨炼

家庭是社会的细胞，是人们社会生活的基本单位，更是人生的第一所学校，是一切教育的基础和源头，是一个人接受教育的开端，对每个人性格的形成、生活方式和习惯的养成能产生强有力的影响。

家庭教育是结合家庭日常生活进行的教育，往往融在家庭生活中进行，分散于家庭生活的各个方面。父母对社会、对他人、对自己以及对其他客观事物的态度和评价，都以具体、生动、形象的方式体现着一定的思想观点、政治准则、道德规范和行为方式，直接影响孩子的认知、情感和行为。

第三节　大学生创新创业能力的培养

一、大学生创新创业能力培养的含义

创新是一个民族进步的灵魂。创新理论最早是由美国哈佛大学教授约瑟夫·熊彼特提出的。他认为，创新就是建立一种新的生产函数，也就是说，把一种从来没有过的关于生产要素和生产条件的"新组合"引入生产体系。而创业泛指一切带有开拓意义的社会变革活动，它涉及的领域非常广泛，无论政治、经济、军事、文化艺术事业，只要是人们进行的没有先例的事业，都可以称为创业。狭义的创业是指社会上个人或群体开展的以创造财富为目标的社会活动，对创业者来说是从未经历过的事业。

创新创业教育的概念是联合国教科文组织在 20 世纪末提出的，作为一种新的教育观念和教育形式，其内涵极其丰富。广义的创新创业教育是创造一种新的伟大事业的教育实践活动。狭义的创新创业教育是创造一种新的职业或工作岗位的教育实践活动，是引导当代大学生走上自谋职业、灵活就业、自主创业之路的教育改革的实践活动。

创新创业教育作为一种新的教育理念和人才培养模式，重在提高人才的综合素质，目的是培养学生的创新精神、创新意识，以期学生能更好地适应社会发展和变革形势。创新创业教育是知识经济时代高校专业教育改革的重要内容，是高校质量竞争战略的核心，是高校主动适应社会经济发展的必由之路。

二、大学生创新创业能力培养的时代背景

党中央、国务院一直高度重视高等学校创新创业教育工作。2010 年颁布的《国

家中长期教育改革与发展纲要（2010—2020年）》中明确指出，要大力推进高等学校创新创业教育工作。党的十八大明确提出"科技创新是提高社会生产力和综合国力的战略支撑，必须摆在国家发展全局的核心位置"，"鼓励青年创业"和"以创业带动就业"的战略思想。2015年5月13日，国务院办公厅印发了《国务院办公厅关于深化高等学校创新创业教育改革的实施意见》，专题部署高校开展创新创业教育，强调指出："深化高等学校创新创业教育改革，是国家实施创新驱动发展战略、促进经济提质增效升级的迫切需要，是推进高等教育综合改革、促进高校毕业生更高质量创业就业的重要举措。"

三、大学生创新创业能力培养的目标

创新创业教育战略的提出，是对传统教育的突破，也是国家促进经济社会发展的教育发展战略。现如今部分高校仍然采用传统教育形式给学生讲授的知识，重视传输和巩固，忽视了在教育过程中对学生独立思考、发现问题和创新能力的培养。因此随着社会发展，加强创新创业教育是必然要求，也是我国高等教育改革的必经之路。

根据中国高校创新创业联盟的设想，创新创业教育基本目标如下：

（一）创新创业教育是连续性和全方位的教育活动

国家深化教育改革、全面推进素质教育的重要方式之一是创新创业教育。高校创新创业教育的改革和发展有利于高校强化学生的创新精神、创业意识和实践能力。创新创业教育要关注知识和能力等方面的培养。

（二）"创新＋创业"是创新创业教育的核心

高校创新教育以培养学生的创新创业思维为核心，促进创新个性的形成，高校创业教育以培养学生的创业意识和能力为目标，创新教育和创业教育是相互联系的。高校学生具备创新思维才能在创业过程中处于优势地位，高校要想增强创新创业教育效果就必须要有创新精神；国家和社会要有创新才能为创新创业教育提供更好的条件、资源和环境。

（三）创新创业教育应注重多方合作

高校创新创业教育可以从单一的教育模式向多学科和专业化方向发展转变，人才培养要和社会需求紧密联系起来，学校、政府、社会三方创新创业教育的资源和平台要加强联系和共享。

（四）创新创业教育应培养应用型、复合型人才

在高校实践教育中，专职教师要引导学生正确认识创新创业，培养创新创业精神，树立创新创业意识，加紧学习创新创业相关知识，投入实践中，提高创新创业能力。

四、大学生创新创业能力培养的重要意义

（一）适应经济社会和国家发展战略的需要

众所周知，创新是一个民族进步的灵魂。当前，我国经济和社会发展已经进入一个关键时期，实施创新驱动发展战略已经成为经济社会发展的必然选择。经济发展和社会进步需要一大批具有创新意识和创新能力的人才，而创新创业教育正是适应这一要求而生的。高校承担着传播先进文化、培养高级专门人才的重任，推动和实施创新创业教育具有得天独厚的条件和基础，是高校推动经济发展和服务社会的重要体现。在国家提出"大众创业、万众创新"的时代背景下，高校创新创业教育赢得了难得的机遇，也面临着重要的挑战。

（二）深化高等教育改革和实施素质教育的需要

创新创业教育作为一种全新的教育理念和教育模式，以培养具有创新思维和创业能力的高素质创新型人才为目标，在本质上是一种素质教育。同时，创新创业教育也是人才培养模式的根本性变革，是培养应用型人才的重要途径。创新创业教育是创新教育、创业教育与专业教育的有机结合，不仅是培养学生的创新意识、创新能力、创新精神和创新思维的有效手段，还是培养高素质应用型人才的重要途径，是素质教育的深化和具体化。开展大学生创新创业教育，将创新创业教育纳入大学生培养全过程，提高大学生创新创业意识与创新创业能力，是高校创新人才培养的基本任务，是教育质量提高的外在表现，是高校教育教学改革的内在要求。高校优化教育教学改革与创新人才培养模式，有利于推进大学生综合素质的全面可持续发展，有利于提高大学生的核心竞争力。

（三）落实以创业带动就业和促进充分就业的需要

近年来，我国大学生就业形势日益严峻，毕业生数量增多，结构性矛盾突出，这一现象已经引起国家和社会的普遍关注。面对严峻的就业形势和高质量就业水平的要求，增强毕业生的就业创业意识，提升毕业生就业创业能力，将有效改善就业压力。党的十八大报告指出"就业是民生之本""鼓励多渠道多形式就业、

促进创业带动就业"等。教育部发布通知,要求强化就业创业服务体系建设,高校要建立弹性学制,允许在校大学生休学创业,提升大学生就业创业比例。高校开展创新创业教育,积极鼓励大学生自主创业,培养大学生创新精神和创业意识,提高大学生的就业能力,可以产生以创业带动就业、增加就业岗位、缓解就业压力的效果。

五、大学生创新创业能力培养的现状

(一)创新创业教育理念滞后

创新创业教育是高等教育的重要组成部分,是高校教育教学改革的趋势和发展的方向。由于受传统思想的影响,一些高校对创新创业教育存在定位模糊、观念滞后和认识偏差的问题。现阶段,我国一些高校没有把创新创业教育当作主流教育的一部分,没有开设独立的专业,没有形成成熟的理论体系和框架。一些高校认为创新创业教育仅是就业教育的一部分,只是为大学生提供毕业就业或创业指导服务,功利地认为开展创新创业教育的目标就是提高就业率,并没有把创新创业能力培养贯穿于人才培养全过程,对大学生进行创业理论教育和创业实践训练方面的相关工作开展较少。

(二)创新创业教育课程体系不健全

据调查,目前我国一些高校未开设正规化、系统化的创新创业教育课程,只将其作为职业生涯规划课程或就业指导的一部分,甚至没有将创新创业教育纳入专业教育体系和学生专业计划培养方案中。高校创新创业教育课程教学在一定程度上存在教学内容陈旧、教学形式单一、教学方法简单、教学条件落后等问题,片面强调理论知识的传授,轻视创新能力的培养,实践环节薄弱,缺乏实效性。针对教学体验总体来说,我国大学生创新创业教育模式在一定程度上仍然是传统的应试教育模式的延续和翻版。因此,创新创业教育在我国一些高校并没有形成系统规范的教育课程及实践训练体系,影响了创新创业教育的实施效果。

(三)创新创业教育师资力量薄弱

师资力量薄弱是制约当前高校创新创业教育顺利开展的重要因素,突出表现为师资质量不高、稳定性不强,缺乏专业化、职业化的师资队伍,整体水平还有待提高等问题。目前,创新创业教育的师资队伍主要由学校就业管理部门的人员、从事学生工作的辅导员和外聘专家构成。前者具有一定的就业指导理论基础和学生教育管理能力，但缺乏系统的创业管理知识和创业经验，对创新创业知识的讲解仅仅停留在书本上，没有较多案例和实践经验与学生分享，教学的针对性不强，对学生吸引力不足。后者则主要来自政府部门或企业界，他们主要以讲座的形式开展创新创业教育，不能满足学生对创业知识和创业技能的求知需求，达不到实施创业教育的目的。加强既懂创新创业理论又有实践经验的优秀创新创业教育教师队伍建设已成为当前高校面临的重要课题。

六、大学生创新创业能力培养的基本对策

（一）坚持以人为本的教育理念

教育应该以学生为主，积极努力地去挖掘他们的长处，发挥个体的优势，针对每个人的爱好和优点进行重点培养。

"树立多样化的人才观念，尊重个人选择，鼓励个性发展，不拘一格地培养人才。树立终身学习观念，为持续发展奠定基础。"这是《国家中长期教育改革与发展纲要（2010—2020 年）》提出的要求。

（二）以社会主义核心价值体系建立为引导

2006 年 10 月，党的十六届六中全会审议通过的《中共中央关于构建社会主义和谐社会若干重大问题的决定》确立了"建设社会主义核心价值体系"这个重大命题和战略任务。现如今，社会主义核心价值观已经成为实现社会主义制度的内在灵魂，是体现社会主义价值的一个重要因素，人们树立正确的社会主义核心价值观能够大幅度提高社会主义国家的政治、经济和文化水平，能够增强社会的发展能力。在这个知识数据大爆炸的时代，树立社会主义核心价值观对推动社会发展有着极强的理论意义和实践意义。因此在信息时代下，以社会主义核心价值体系建立为引导，对加强高校培养大学生的创新创业能力是很有必要的。

（三）以"大众创业、万众创新"为指导

所有创新创业的人，他们的创造才能并不是与生俱来的，是通过大量的社会经验、社会阅历和社会实践来逐渐培养和摸索的，新一代的大学生要在自己的思维中找到最适合社会经济发展的一种方法，让人力资源转换为人力资本。社会主义的最终目标是让全国人民共同富裕，大力推进创新创业教育能够解放和发展生产力，允许和鼓励发挥个人的创造能力，才是促进社会大发展、大进步的动力。现今，在国家政策的带领下，"大众创业、万众创新"的思想已经深入人心，各

地也逐渐出现了新思路、新产业、新的操作模式，这些层出不穷的新思维，大量激发并释放了人的创造力，成为社会主义国家经济发展的一个新的亮点。

构建较为完善的教育机制是高校创新创业教育顺利开展并取得实效的根本前提。在"大众创业、万众创新"新形势下，高校必须与时俱进，彻底转变教育观念，充分认识到创新创业教育将为高等教育教学带来一场根本性的变革，而绝非缓解就业压力的权宜之计。高校应在坚持"以人为本，育人为先"的理念指导下，加强"顶层设计"，将创新创业教育纳入教学主渠道，结合专业教育，融入人才培养体系全过程，着力构建全员参与、全方位覆盖和全过程贯穿的创新创业教育机制。

（四）改变传统人才培养模式

在借鉴欧美发达国家经验的基础上，目前我国高校创新创业教育已初步探索出具有中国特色的教育模式。但现行的高校人才培养模式重理论轻实践，这与社会的需求是矛盾的。部分毕业生的创业效果较差，在一定程度上打击了这部分学生的创业自信心和积极性。为了使创新创业教育更加深入推进，必须加大当前高校创新创业教育模式的改革力度。修订人才培养方案，切实把培养学生的创新精神和创业能力放在首位；整合教育资源，优化课程设置，将创新创业融入专业教育，构建科学完善的创新创业课程体系；深化创新创业教育课程教学改革，增加实践教学环节，彻底改变重理论轻实践、教学路径单一、学生被动接受"创业"的现象；加强创新创业教育师资队伍建设，努力建设一支专兼结合的高素质创新创业教育教师队伍。

现在大家都在讨论"互联网+"这个词，与其说是一个词，不如说是新时代的一种新形式。自从网络诞生以来，互联网经历了三个发展阶段：互联网1.0时代，即互联网+信息；互联网2.0时代，即互联网+交易；互联网3.0时代，即互联网+传统商业。虽然现在互联网时代还在高速发展，但是万变不离其宗，其发展依然跳不出"互联网+三百六十行"的模式。因此，"互联网+"就是互联网融合传统商业并且将其改造成具备互联网属性的新商业模式的一个过程。

国家相关部门已经在参与和推动"互联网+"项目，同时，"互联网+"又是一个指导千万中国企业成功转型和升级的方法。创新创业必须依赖这样的方法、这样的平台来进行，因为这个平台可以汇集当今社会的许多资源并且可以共享给很多人，成功地营造出一种在现实生活中无法达到的"大众创业、万众创新"的浓烈的社会氛围。因此，当代大学毕业生应积极响应国策：一是要抓住机遇，利用"互联网+"提供的资源发展社会新动能；二是打开自身被禁锢的思想格局，大力弘扬创新发展理念；三是全面推行万众创业，释放创新创业的新能量；四是积极宣传，努力散播，从而激发大众创新创业的积极性和新活力。

（五）营造良好环境，进行教育实践

创新创业环境是决定创新创业教育效果的重要因素，"大众创业、万众创新"的外部环境为高校创新创业教育提供了千载难逢的机遇。创新型国家发展战略初显成效，经过40多年的改革开放，中国社会主义市场经济的发展为创新创业教育的发展奠定了较好的基础。2009年，《国务院办公厅关于加强普通高等学校毕业生就业工作的通知》中明确指出"鼓励和支持高校毕业生自主创业"。此后，国家又相继出台一系列支持创新创业的文件，如《国家知识产权局关于知识产权支持小微企业发展的若干意见》《人力资源社会保障部等九部门关于实施大学生创业引领计划的通知》等，为打造良好的创新创业生态环境奠定了坚实的基础。随后，各地方政府纷纷响应，出台了一系列符合地方实际的政策法规，鼓励大学生创新创业。高校应抓住这难得的机遇，积极倡导创新创业教育的理念，制定鼓励和支持大学生创业的政策，组织开展各种创新创业教育实践活动，广泛宣传创业典型人物及成功案例，积极营造尊重创新和鼓励创业的校园文化氛围。

高校创新创业教育的主要目的是培养大学生的创新精神和创业能力，是实践性很强的教育活动，是理论知识与实践体验教育结合、课内与课外教育结合以及校内与校外教育结合的系统的教育模式。美国高校创新创业教育的发展历程和成熟经验表明，以创业实践活动为核心的活动课程以及创业计划、创业项目等课外活动，是帮助学生将理论转化为实践最有效的教学途径和方法。因此高校开展创新创业教育，不能完全依赖于课堂教学，要注重创新创业教育的实践性，应以市场为导向，充分利用丰富多彩的科技活动、社团活动等有效途径，积极组织大学生参加各种创新创业大赛，在实践中积累经验，大力推动创新创业教育的发展。

七、大学生创新创业能力培养的路径

（一）政府路径

我国政府在当今国情下，应该协同万众创新，进行有效的资源归拢和整理，大力组织社会实践和专业培训机构，全力支持创新创业，从源头上解决我国现存的产业过剩问题。大学毕业生对未来的希望、寄托和对新思维的理解都需要从当前国情和具体的社会实践中获得，他们从宏观的角度看待社会动态与政策的发展

方向，从而获得高效的经营理念和管理手段。所以，充分了解大学毕业生的需求就成为关键，因此，国家政府要为其创造更好的条件、更完善的政策，为他们在商业培训、创新技术方面提供大量的帮助。

（二）高校路径

激励创新创业教育的根本就是改变教学教育观念，大力推动社会实践活动，大胆创新。大学本身的主要职责就是为社会创造高素质人才，所以要想不断地加深和巩固创新创业教育，就要从学生的意识培养、技术培养和大胆创新的精神培养这三点出发，完善创新创业的标准。

国家以及社会需要营造出一种实践与学生成长相结合的创新创业氛围，将实践和学生的成长融为一体。社会要形成创新型思维，不仅不能打击和阻挠大学生创新创业的积极性，还应该为其提供必要的帮助和引导。第一，大学一定要提供多样化的专业选择，供学生自由选择，并对其进行系统的、开放的教育教导；第二，学校以及教师对大学生创新创业项目应持积极鼓励的态度，必要时要给予经济上的支持和精神上的鼓励；第三，通过弹性学制、休学创业等政策的具体落实，如制定创新创业学分折算办法、规范申请休学流程，免除学生创业的后顾之忧。

"大众创业、万众创新"的社会形势已经稳定并且在社会中越来越流行，所以高校应该顺应社会，紧随社会发展步伐，为学生提供创业平台、营造创新创业的社会氛围。

"大众创业、万众创新"已经成为当前我国经济与社会发展的新常态。高校创新创业教育作为一种新的教育理念和人才培养模式，正是适应这一新常态应运而生的。加强高校创新创业教育是适应我国经济社会和国家发展战略的需要，是深化高等教育改革的需要，是促进大学生就业的需要。加强高校创新创业教育要取得实效，必须不断健全和完善创新创业教育机制，必须改革创新创业教育模式，必须积极开展创新创业教育实践活动，努力培养具有创新精神和创业能力的高素质人才。

（三）社会路径

我国社会的人才教育机构应该紧抓培养、教育、引导、推广和用人等环节，实施"创新创业人才发展环境优化工程"；要建设合理的公共服务机构，完善创新创业政策制度，创造一个好的创新创业社会环境；要实施"高层次创新创业人才引进工程"，依托人才培养平台，加强企业和学校的合作，促进人才和科技的完美结合，促进科技成果的成功转换，以达到产学研的有机结合和良性互动。

（四）学生路径

人才的培养离不开创新创业教育，我国部分高校已经在创新创业教育人才培养上花费了大量心思，建立了就业和创业指导中心，为创新创业提供了保障。另外，学校要尊重学生的主体地位，积极正确引导学生，在引导的同时，让学生在创业过程中找到自己的方向，做自己真正感兴趣的创业项目，保障学生真正地发挥出创业精神。

第四节 大学生艺术修养的培育

一、艺术修养

修养一般是指一个人在政治、道德、学识或技艺等方面自觉进行学习、磨炼、陶冶的功夫，以及经过长期努力所达到的某种能力和素质。简单地说，修养是指一个人进行锻炼、改造、提高的活动。艺术修养是指一个人在艺术方面自觉进行学习、磨炼、陶冶的功夫，以及经过长期努力所达到的能够很好地欣赏艺术作品和创造艺术作品的能力和素质。

二、艺术修养的培养原则

（一）快乐学习

众所周知，只有有了兴趣才能从学习中体验到快乐，才到达到学习的目的。大学生的艺术修养教学也是这样，要让大学生在这门学科中体会到快乐，深刻理解学习的意义，这才是学习的目的所在。

（二）循序渐进

学习是一个过程，艺术修养教学是一个漫长的过程。大学生艺术修养教学是培养学生认识美、创造美的过程，要根据不同个体的艺术基础和对艺术认识的程度，一步一个脚印地、踏踏实实地进行。大学生艺术修养的培养要从简单的美、直观的美入手，先要让大学生认识到什么是美，然后再上升到一定的理论高度。

（三）因材施教

高校要根据学生自身的特点开设大学生艺术修养课程，运用适当的教育教学方法提高大学生的艺术修养。从教育教学的角度来看，要根据学生的实际情况和不同特点，因材施教，这样才能取得更好的教学效果。

（四）潜移默化

人格的养成是一个长期且复杂的过程，它是伴随人一生的一门课程，美育的成果也不是显而易见的。首先，在学校教育中要把美育作为一门主要的学科，并且要渗透到各个学科中去。其次，坚持潜移默化的原则其实就是要实现艺术教育在校园文化中的渗透与贯穿。校园文化是一种特殊的社会文化，校园文化也是实施艺术教育的重要途径。总之，良好的校园风范和校园环境可以陶冶大学生的思想情操，也可以净化大学生的心灵。

三、艺术修养培育的作用

（一）提高大学生的艺术感知力

通过一些公共艺术课程的学习，大学生能真正地体会到生活中的艺术。例如，戏曲鉴赏课程，学生可以从中感受中国源远流长的文化，了解优秀的中华传统文化，理解戏曲表达的具体情感等。

（二）调节大学生活

大学的课程较为专业化，容易使人觉得乏味，大学生可以通过选修一些自己感兴趣的艺术课程，中和一下在专业课程学习中的烦恼，劳逸结合，从而时刻保持学习的冲劲儿。

（三）提升艺术修养

任何人的艺术修养都不是天生的，都需要在艺术创作和艺术欣赏的实践中逐步锻炼和培育。艺术修养是指一个人的艺术知识和技能的状况和水平。大学生通过公共艺术课的学习可以提高个人鉴赏能力，正确引导自身的审美趣味，深刻认识现实生活，从而提升艺术修养。

四、大学生艺术修养的培育方法

（一）丰富知识储备，增强文化底蕴

英国哲学家罗素认为，支撑人类的生命必须要有三种激情，那就是对知识的渴望、对爱情的追求、对人类苦难的同情和悲悯。有艺术修养的人其实是精神上富足的人。大学生想提升艺术修养，就需要多接触那些能够提升精神境界的文学

艺术作品，进而把这些文学、艺术的相关知识升华为一种关怀，去关怀人的内心，去关怀民族与国家的命运，去关怀全人类的苦难与未来，有这样的情怀，才能活出有意义的人生，这也是自我价值的另一种体现。这里所说的"丰富知识储备"中的知识既包括自然科学知识又包括人文社会科学知识，这需要学习者确立新的认知方式。而我们通常说的"文化底蕴"，也是个软指标，看不见，摸不着，它不像跑步，努努力，就能跑得快一些，当然，这样的软指标提高的速度也有点慢，但是一旦有了一定的"文化底蕴"，人们看待事物的眼光、理解事情的角度也会发生翻天覆地的变化。那么如何让自己增强"文化底蕴"呢？很简单，三个字：多读书。当然，这并不是说全部的书都要读，我们还是应该取其精华，去其糟粕。

（二）组建一支高水平的师资队伍

艺术修养的高低与广大教师的素质息息相关，教师必须具备较高的文化素养、道德修养和艺术涵养，必须有正确的世界观、人生观、价值观和健康的心理素质和生理素质。具有积极人生态度的教师对于求知若渴的大学生来说，才是值得学习的榜样，是他们乐意去模仿和超越的对象。在这样的教师面前，大学生才不会消沉，反而可以催生他们克服困难的勇气和挑战自我的信心，因为博览群书而又紧跟时代的教师带给大学生一种轻松的学习气氛，大学生在学习过程中也会产生对各种才艺的兴趣。教师具备了这些素养，就可以通过正面的教育教学去教会大学生如何欣赏、品鉴、领会一件艺术品存在的意义，了解艺术品的历史，真实还原其在历史长河中的艺术价值。教师还可以在课余时间带大学生参加一些社会公益艺术展、拍卖会等，让大学生通过专家的讲解更深层次地去了解艺术的存在，从而培养大学生的艺术修养。由此可见，组建一支高水平的师资队伍对于大学生艺术修养的形成多么重要。

（三）大力加强校园文化建设

诚然艺术修养不可能靠说教或训练这些"填鸭式"方法得到，它是循序渐进的，需要熏陶渐染，渐入佳境。优秀的、先进的文化经过历史的沉淀会具有育人的效果，不仅可以帮助大学生陶冶情操、磨砺意志，还可以丰富他们的精神世界。我们相信，一个文化底蕴十足的学校是可以培养出优秀的学者甚至艺术家的，因此，校园文化建设对于提高大学生的艺术修养意义重大。此外，还可以在以下几个方面做出努力。

第一，加强大学物质文化建设。学校应该用心设计规划自己的校园文化景观，并且设计一些适合大学生艺术修养培育的艺术活动，丰富教育教学形式，更新教育理念，利用现实的艺术景观陶冶大学生的艺术修养，利用网络的先进性、广泛性让大学生获得对于美和艺术的认识。

第二，要强化制度建设。高校要完善学校制度，明确大学生艺术修养的目标，制定切实可行的有利于大学生艺术修养发展的学校制度，把办学精神和时代发展的要求结合起来，充分发挥大学生自身的特长，明确艺术修养的目标，使大学生有方向、有目的地去学习、努力。

第三，要积极挖掘本校的历史文化，积极引导并激励大学生继承发展优秀文化，不断探索学习先进的理念，要以开放的、理性的态度吸收创造新时代、新思想、新观念和新风尚，使得大学文化始终走在社会艺术发展的最前沿。

第四，要重视发挥学生的主体作用，激发学生的主人翁意识和集体主义感，营造开放的、主动的、积极向上的艺术修养培育的良好环境。

第五，要结合学校的校史，把传统节庆日、重大事件、开学典礼和毕业典礼等办成具有校本特色的主题教育活动，把德智体美劳教育有机结合起来，在活动中开展艺术修养教育，把理论与实践相结合才能更好地提高大学生的艺术修养。

（四）切实加强社会实践活动

艺术修养与知识的积累一样需要学习和实践。提高大学生的艺术修养不能单纯地停留在上课、读书、听报告这个层面，还必须引导和创造条件让大学生在实践中提高艺术修养。

第一，要不断加强艺术修养与实践活动的内涵和外延。在掌握了大量的艺术修养方面的理论的基础上，要让大学生参与到社会服务、公益活动中，使他们学以致用、学有所用，不仅培养大学生对新事物的创造欲和探究欲，也帮助其树立自信心，使其向着形成良好的艺术修养这一目标而努力。

第二，要建立并扩大大学生艺术修养与实践活动保障体系，切实形成实践育人的长效机制。

第三，要把艺术修养实践活动纳入学校教育教学总体规划和教学大纲中，规定相关课程的学时和学分。

第四，重视大学生艺术修养实践活动基地建设，不断丰富当代大学生艺术修养实践活动的内容和形式，从而提高艺术修养实践活动的质量和效果。

参考文献

[1] 温秋银. 乡村特色的校园文化建设研究 [M]. 广州：暨南大学出版社，2010.

[2] 王路江. 冲突与融合：多元文化背景下的高校校园文化建设 [M]. 北京：北京语言大学出版社，2010.

[3] 王丹平. 文化·力量：大学校园文化建设 [M]. 广州：华南理工大学出版社，2016.

[4] 张冰. 校园文化建设与大学生志愿精神培育实践 [M]. 上海：立信会计出版社，2017.

[5] 陈涛. 行业特色校园文化建设探索：基于"双创"育人理念的思考与实践 [M]. 北京：光明日报出版社，2018.

[6] 赵军，甘华银. "一核三维五元"校园文化育人模式初探 [M]. 北京：光明日报出版社，2018.

[7] 李王英，张帆. 校园文化建设理论与实践：基于爱国主义教育 [M]. 北京：光明日报出版社，2018.

[8] 李海红. 校园文化建设理论探索与实践案例 [M]. 北京：光明日报出版社，2018.

[9] 王新华. 契合与笃行：校园文化建设与大学生社会主义核心价值观实践教育研究 [M]. 秦皇岛：燕山大学出版社，2018.

[10] 陈凌云. 大学生思想政治教育与校园文化研究 [M]. 天津：天津科学技术出版社，2018.

[11] 张理华. 高校图书馆与校园文化建设研究 [M]. 北京：台海出版社，2018.

[12] 冯刚，孙雷. 新时代高校校园文化建设概论 [M]. 北京：光明日报出版社，2019.

[13] 余海波. 高校校园文化建设和少数民族学生培养 [M]. 北京：民族出版社，2018.

[14] 石聪玲，徐嘉辉．中华优秀传统文化视域下高校校园文化建设研究 [J]．边疆经济与文化，2020（11）：82-84.

[15] 周游，游鸯．创新高校校园文化建设促进学生全面发展 [J]．陕西广播电视大学学报，2020，22（3）：15-18.

[16] 曲长海．后疫情时代高校校园文化建设的挑战与应对 [J]．边疆经济与文化，2020（9）：87-89.

[17] 蔡珍珍，金铭，姜晶，等．新媒体环境下高校校园文化建设实践路径探析 [J]．中国新通信，2020，22（17）：200-201.

[18] 陈洁．高校校园文化品牌培育现状与对策探析 [J]．湖北开放职业学院学报，2020，33（16）：28-29.

[19] 侯檬檬．文化哲学视角的高校校园文化建设原则及路径 [J]．现代交际，2020（15）：218-219.

[20] 熊婉琴．大数据在高校校园文化建设中的应用 [J]．中阿科技论坛（中英文），2020（8）：158-161.

[21] 刘术学．基于社会主义核心价值体系的高校校园文化建设探究 [J]．现代交际，2020（14）：130-131.

[22] 郭策，游舒颖，王苹．新媒体时代高校校园文化建设的机遇、困境与出路 [J]．湖北经济学院学报（人文社会科学版），2020，17（7）：103-105.